# Não se desespere!

**Dados Internacionais de Catalogação na Publicação (CIP)**
**(Câmara Brasileira do Livro, SP, Brasil)**

Cortella, Mario Sergio
  Não se desespere! : provocações filosóficas / Mario Sergio Cortella. 7. ed. – Petrópolis, RJ : Vozes, 2014.

  7ª reimpressão, 2017.

  ISBN 978-85-326-4502-9

  1. Crônicas  2. Ensaios  3. Filosofia  I. Título.

12-15018                                                    CDD-100

Índices para catálogo sistemático:
1. Filosofia    100

Mario Sergio Cortella

# Não se desespere!

provocações
filosóficas

VOZES
NOBILIS

© 2013, Editora Vozes Ltda.
Rua Frei Luís, 100
25689-900 Petrópolis, RJ
www.vozes.com.br
Brasil

Todos os direitos reservados. Nenhuma parte desta obra poderá ser reproduzida ou transmitida por qualquer forma e/ou quaisquer meios (eletrônico ou mecânico, incluindo fotocópia e gravação) ou arquivada em qualquer sistema ou banco de dados sem permissão escrita da editora.

**CONSELHO EDITORIAL**

**Diretor**
Gilberto Gonçalves Garcia

**Editores**
Aline dos Santos Carneiro
Edrian Josué Pasini
Marilac Loraine Oleniki
Welder Lancieri Marchini

**Conselheiros**
Francisco Morás
Ludovico Garmus
Teobaldo Heidemann
Volney J. Berkenbrock

**Secretário executivo**
João Batista Kreuch

*Editoração*: Maria da Conceição B. de Sousa
*Diagramação*: Victor Mauricio Bello
*Capa*: Lilian Queiroz/2 estúdio gráfico

ISBN 978-85-326-4502-9

Editado conforme o novo acordo ortográfico.

Este livro foi composto e impresso pela Editora Vozes Ltda.

# Sumário

*Prefácio*, 7
  Pedro Mota

Não se desespere! – Do mal será queimada a semente..., 13

Vida, minha vida, olha o que é que eu fiz?, 19

Felicidade foi se embora?, 23

O sonho não é fácil e nem impossível!, 27

A edificação da Personalidade Ética: um alerta, 31

A parte que nos cabe..., 35

Cooperar para não exaurir!, 39

Isso é culpa do Governo?, 43

As contas que são da nossa conta!, 47

Ética não é enfeite!, 51

Um cafuné na cabeça, malandro..., 55

Assédio moral: nome novo, antiga e má prática, 59

E essa tal Diversidade?, 63

O lugar do Medo, 67

Para além das retinas fatigadas..., 71

A odisseia dos lunáticos, 75

Me dê motivo?, 81

"Foi sem querer, querendo?", 85

Religião não é coisa de gente tonta!, 89

Política é coisa de idiota?, 93

Escola: superar o pragmatismo imediatista!, 97

Outras faces da violência, 101

Eu, robô?, 105

Ao modo de certos paquidermes..., 109

Nostalgias pecuniárias..., 113

O avesso do avesso, 117

Duvidar é preciso: "Só sei que nada sei!", 121

Minhas crianças? E eu com isso?, 125

Quando o jeito é arrumar outro jeito, 129

A esperança como mutirão..., 133

O Tempo como escolha, a Vida como
Mistério, 137

# Prefácio

*Pedro Mota*

São Paulo, agosto de 2001, sala de aula do 3º Ano do Ensino Médio, B 05 do Colégio Mackenzie. O professor de Redação, Régis, já idoso e famoso entre os alunos pelo tempo que passava contando incríveis "causos" de sua vida, busca um exemplo para concluir uma explicação. Aleatoriamente, entre os 45 alunos da classe, ele me questiona:

– Pedro, o que faz o seu pai?

– Ele é filósofo, professor.

Diante da resposta incomum, o professor continua:

– É mesmo? E como é o nome dele?

– É Mario Sergio Cortella.

Com espanto, Régis arregala os olhos e exclama:

– Você é filho do Cortella?! Seu pai é um dos homens mais inteligentes do Brasil, quiçá do mundo!

A reação dos outros 44, que nem desconfiavam da afirmação do professor, foi uníssona:

– Óóóóóóóóóóóóóóóóóóóóóó!

Por alguns anos, meus amigos mais próximos adotaram o apelido e meu pai ficou conhecido entre eles simplesmente como "Quiçá". Era bacana quando eles comentavam, vi o Quiçá na TV ontem. Encontrei o Quiçá no shopping neste fim de semana... esse tipo de coisa. O engraçado é que, naquela altura da vida, a afirmação do Professor Régis na sala de aula também foi uma surpresa pra mim. Afinal, nós filhos não somos obrigados a saber que fomos criados "por um dos homens mais inteligentes do Brasil, quiçá do mundo"...

Toda vez que me perguntam a profissão do meu pai, escuto as mesmas dúvidas e exclamações: "Uau, deve ser um barato trocar ideia com seu pai!" ou "Ele deve ser muito louco, hein?!" e até "Como é ser criado por um filósofo? Vocês ficam discutindo Nietzsche nos almoços de família?"

Atenção fãs mais fervorosos de Mario Sergio Cortella! Este que vos escreve é o filho que mais conviveu com ele: Não, não é muito louco. Não, não discutimos Nietzsche. Desculpe o desapontamento, mas, para mim, ele é e sempre foi um pai. Humano, cheio de qualidades e defeitos. Mal-humorado à noite, quando chega cansado de mais uma turnê de palestras pelo país. Nessa hora, ele sempre nos conta, com um olhar estafado, etapa por etapa, cada escala de avião e tamanho do público que entreteve. Ato que, só de sacanagem, nos acostumamos a esnobar. Coisas de família... Implicante e neurótico com estudo, pontualidade e planejamento de vida. Bem-humorado durante o dia, capaz de fazer piadas com os assuntos mais íntimos dele, dos filhos e de parentes próximos, para o deleite da comunidade e vergonha do alvo. Provocador e implacável no humor negro com genros e noras. E, sem dúvida, o filho mais edipiano de sua mãe, Emília.

Mas tem sim uma diferença que ficou evidente para mim enquanto lia *Não se desespere!* Ao folhear as primeiras provocações, um grande sentimento de *déjà vu* me perturbava. Fiquei preocupado! Achei que ali estavam conceitos e pensamentos inteiros que eu já tinha visto em algum outro volume de sua obra. Fui procurar. Passei pelo *Não espere pelo epitáfio...*, e nada. Pelo *Não nascemos prontos!*, e nenhuma repetição. Cheguei ao ponto de questionar o autor enquanto ainda pensava o Prefácio! Como era possível que tudo que estava ali, em linhas ainda não publicadas em livro, parecia tão familiar para mim?

Foi quando me dei conta de algo bem simples: não é mesmo tão normal ser criado por um filósofo. As linhas que me soaram familiares são exatamente isso: familiares. A obra a seguir está dentro de mim, e isso vai além de sobrenome ou sangue.

Ainda na sala do Professor Régis, naquele dia, este me disse:

– Muito cuidado, Pedro. Ser filho de pai famoso pode ser um peso difícil demais de carregar.

Hoje, muitos me questionam por não usar o sobrenome Cortella publicamente. Mas ao usar isso em meu benefício, estaria negando tudo o que me foi ensinado com tanto carinho na vida. *"Qual é a tua obra?,"* pergunta meu pai em outro livro. Hoje sei que sou a dele, mas a minha é só minha (por enquanto).

São Paulo, junho de 2008, auditório do Programa do Jô. O ator Wagner Moura é o primeiro entrevistado do dia. O papo é longo, dura mais de um bloco e vai muito bem. Ao final, o ator é aclamado com uma onda impressionante de aplausos e gritos, além do tradicional "Ahhhh", quando a entrevista termina.

No último bloco, Jô chama o segundo entrevistado: o filósofo e professor Mario Sergio Cortella. A plateia, ainda extasiada com a lembrança de Wagner, quase murmura. "Lá vem uma chatice daquelas": foi o clima no estúdio quando a conversa começou.

O público, ainda disperso, fazia barulho e cochichava. Aos poucos, como uma sala de aula, o interesse foi despertando. Cada pergunta que Jô fazia, desafiando o conhecimento do entrevistado, era rebatida de primeira. Um verdadeiro duelo intelectual que chamou a atenção de todos, do público à equipe de produção.

Em pouco tempo, os cochichos acabaram. Só se ouvia o debate que virou monólogo após o apresentador se convencer de que ali tinha alguém com muito a dizer. A "chata" aula de filosofia se transformou em uma conversa surpreendente que hipnotizou a todos no estúdio. Ao final, Wagner Moura que me desculpe, mas o "Ahhhhh" foi bem mais alto.

Ali, sentado na plateia, eu assistia a tudo com orgulho, e só uma coisa me vinha à mente: o Professor Régis tinha mesmo razão...

# Não se desespere!

*Do mal será queimada
a semente...*

Não me canso de ouvir e meditar sobre os sábios versos cantados um dia por Nelson Cavaquinho na inspiradora *Juízo Final* (de Elcio Soares e do próprio Nelson Cavaquinho): *"O sol há de brilhar mais uma vez. / A luz há de chegar aos corações. / Do mal será queimada a semente. / O amor será eterno novamente"*.

E ele esperançosamente insiste: *"É o Juízo Final, a história do bem e do mal. / Quero ter olhos pra ver / a maldade desaparecer"*.

O melhor, porém, é a boa profecia, pois ao final da música deve ser repetido duas vezes o especial desejo: *O amor será eterno novamente... / O amor será eterno novamente...*

Piegas? Não. Romântico, belamente romântico e fundamente vital.

Ora, se a força está aí, no verso final, por que, então, colocar como título desta reflexão *Do mal será queimada a semente*? Porque os cuidados com a Vida, que podem nos levar à eternidade amorosa, requerem que sejamos ativos na queima da semente da maldade.

Semente? Sim, pois é potência, é possibilidade, é virtual. Somos capazes, porque humanos e livres, da prática deletéria, da ação maldosa, da agressão danosa. Humanos e livres, pulsões lesivas despontam como cenário e vontade em muitos dos nossos atos e omissões. Semente pode "virar" planta ou árvore ou fruto ou flor; semente, como o ovo, contém o novo. Semente pode "virar" praga ou erva daninha ou veneno ou droga lesiva; semente, como o ovo, pode apodrecer ou ser nefasta.

É por isso que o teólogo Leonardo Boff lembra que essa nossa abençoada liberdade, quando se torna *amaldiçoada liberdade*, precisa passar por uma "transfiguração inteligente": sem perder a vitalidade que a pulsão agressiva comporta, fazer dessa agressividade potencial uma energia que se transfigure em força positiva e virtuosa.

Em outras palavras, o impulso como benefício, em vez de malefício, ou, mais ainda, como arranque robusto para cuidar da Vida, em vez de perder a reverência a ela e banalizar, assim, a convivência condominial que é viver.

É nessa hora que precisamos nos educar reciprocamente para recusar o biocídio. Recusar o biocídio! Venho usando com frequência esta ideia, de modo a expressar uma adesão consciente à rejeição das mortes cotidianas: a morte paulatina da fraternidade, a morte sorrateira da família como nicho afetivo, a morte insidiosa da sacralidade presente no Outro, a morte vagarosa do pertencimento à Vida em suas múltiplas manifestações, a morte da sexualidade liberta e afagante. Pequenas mortes no dia a dia: distraídos, admitimos que faleçam nossas rejeições aos biocídios catastróficos.

No entanto, agonizar jamais! Temos de levar em conta a sedutora e desleixada letargia que nos preenche em vários momentos e, a partir dela e contra ela, repelir e repudiar o desmazelo e a negligência com a nossa Esperança.

Paulo Freire, desde 2012 oficialmente o Patrono da Educação Brasileira, afirmava, e nós retomamos: É preciso ter esperança, mas tem de ser esperança do verbo "esperançar", porque tem gente que tem esperança do verbo "esperar", e essa não é esperança, é pura espera. *Ah, eu espero que dê certo, eu espero que funcione, eu espero que aconteça...* Isso, repita-se, não é esperança, mas um mero aguardar passivo.

Esperançar é ir atrás, é se juntar, é não desistir; esperançar é procurar em nós e à nossa volta as sementes que urge exterminar, de forma a limpar terreno para proteger o Futuro e acolher a Vida com mais plenitude.

De novo, piegas? Não; mais uma vez, romântico, impregnado de poesia e aspiração vivificante, enfadado com as obviedades pretensamente consoladoras (e efetivamente conformantes), tais como: *A vida é assim...* ou *O que é que a gente pode fazer?*

É por isso que a sagacidade hebraica presente no Talmude foi certeira ao ensinar que "há três tipos de pessoas cuja vida não merece esse nome: as de coração mole, as de coração duro e as de coração pesado".

Coração mole a ponto de adiar a premência dos cuidados com a Vida; coração duro a ponto de negar com arrogância que os cuidados sejam iminentes; coração pesado a ponto de urdir lamentações evasivas, deixando de usufruir o valor de que cuidados com a Vida não são um encargo, mas, isto sim, um patrimônio.

# Vida, minha vida, olha o que é que eu fiz ?

Tantas são as vezes em que citamos Chico Buarque, que isso só reafirma o caráter genial de sua obra e a perenidade das inquietações e emoções que nos legou; no entanto, mesmo em meio a tamanha profusão estética, frases de algumas de suas músicas servem para variadas situações e são, de forma recorrente, lembradas.

Aquela que mais me assusta, quando penso nas escolhas que temos de fazer, na construção da necessária proporcionalidade entre o conjunto da nossa Vida e a Carreira que dela faz parte, aparece em 1980, quando lançou exatamente a canção *Vida*.

Lembra do primeiro verso? *Vida, minha vida, olha o que é que eu fiz*. Frase de arrependimento, autopiedade, consciência crítica, desespero? Tanto faz; sempre dela flui a percepção de nossa fragilidade quando nos distraímos e deixamos de atentar para o fluir inexorável do tempo que precisa ser pensado para bem viver, em vez de desperdiçado por desleixo ou descuido.

Bem viver! O que seria isso? Não é, claro, uma vida ostentatória e fútil; não é, também, o acúmulo obsessivo e tolo que esquece ser banal a posse sem partilha ou o poder sem generosidade.

*Bem viver* é poder viver as inúmeras dimensões da nossa existência – Família, Trabalho, Amizade, Cidadania, entre outras – sem admitir, passiva ou ativamente, a dissonância e a desproporção na harmonia que afasta o sofrimento (pelo limite vivido) e a culpa (pela suposta impotência).

*Bem viver* é acolher instantes deliberados de paz interior. Esta é uma prazerosa sensação mental – ainda que provisória – na qual há uma aparente suspensão do fluir do tempo, permitindo um distanciamento das aflições cotidianas e uma recusa momentânea às perturbações que o existir nos oferta.

O que fazer para ter paz interior? Provocar situações, individuais ou em parceria, nas quais aquela sensação mental possa vir à tona: ouvir música que emociona, cozinhar com a família, ver a Lua junto, meditar silente, jogar truco, dar uma ótima aula, admirar obra feita por mim ou por aqueles que comigo partilham a vida, fruir a integridade de ter tomado uma decisão eticamente necessária e, claro, repousar o corpo após o cansaço produzido com graça e vitalidade.

No entanto, mesmo com o impacto do *"Olha o que é que eu fiz"*, o que mais me alerta na música é o perigo presente da próxima estrofe: *"Deixei a fatia mais doce da vida / Na mesa dos homens de vida vazia / Mas, vida, ali, quem sabe, eu fui feliz"*.

Dois são os temores: de um lado, a possibilidade de ser cúmplice, protetor ou parceiro dos homens de vida vazia, e, por outro, a sedução que tal vacuidade exerce, pois entorpece e simula felicidade, penumbrando a letargia interior e a agonia exterior.

Vida vazia? *Imagine*, diria algum; *não tenho mais tempo para nada, de tanto que esta vida está cheia.* Há um tempo, porém, que precisa ser escolhido: aquele que permite pensar fundamente em trecho da conversa de uma boneca de pano e um sabugo de milho, lá no *Memórias de Emília,* do especial Monteiro Lobato:

"A vida, Senhor Visconde, é um pisca-pisca. A gente nasce, isto é, começa a piscar. Quem para de piscar, chegou ao fim, morreu. Piscar é abrir e fechar os olhos – viver é isso. É um dorme-e-acorda, dorme-e-acorda, até que dorme e não acorda mais. A vida das gentes neste mundo, Senhor Sabugo, é isso. Um rosário de piscadas. Cada pisco é um dia. Pisca e mama. Pisca e anda. Pisca e brinca. Pisca e estuda. Pisca e ama. Pisca e cria filhos. Pisca e geme os reumatismos. Por fim, pisca pela última vez e morre.

– E depois que morre? – perguntou o Visconde.

– Depois que morre, vira hipótese. É ou não é?"

É.

# Felicidade foi se embora **?**

Quando tinha dezessete anos, o jovem Lupicínio Rodrigues, nascido em Porto Alegre no mesmo dia que Paulo Freire, 19 de setembro, só que 7 anos antes, em 1914, compôs música memorável chamada *Felicidade*, regravada um dia por Caetano Veloso, em 1974, mesmo ano da morte do gaúcho.

Lembra do começo? *"Felicidade foi se embora / E a saudade no meu peito ainda mora / E é por isso que eu gosto lá de fora / Porque sei que a falsidade não vigora."*

E aí? Tristeza não tem fim, felicidade sim? Já abandonamos o desejo de vida feliz? Agora é só competir, enfrentar, vencer, derrotar? É a guerra da Vida?

Ora, a sobrevivência da espécie humana só foi possível por conta da capacidade de cooperação entre seus indivíduos. Para continuarmos, a missão é vivermos juntos e em paz. Às vezes, quando se fala do homem primitivo, que é o homem pré-histórico ou o "homem das cavernas", muitos o imaginam como homem de violência. Mas, pela perspectiva da antropologia, é preciso lembrar que a grande valia da nossa espécie, quando estávamos nos estruturando, foi a capacidade de cooperação.

Nós não fomos um animal que trouxe a competição como modo de vida. Aliás, se não fôssemos um animal cooperativo, não teríamos sobrevivido. As outras espécies que são mais fortes que nós, mais velozes que nós, têm mais condições de sobrevivência. Somos um animal frágil, e a nossa fragilidade é tão grande que nós temos de viver juntos o tempo todo para termos a força.

Por isso mesmo é que somos animais gregários. O radical *greg*, em indo-europeu, significa "rebanho". Temos de viver em rebanho, não no sentido de indiferenciação e comportamento disperso, mas, isso sim, no sentido de "juntos". Por causa do *greg*, é que a gente "congrega", "agrega", adora "congresso" e precisa ter cuidado para não "segregar".

Há pessoas que, em vez de admitir mecanismos de construir a consolidação da congregação, acham mais fácil segregar. E essa segregação se dá no ambiente familiar, no ambiente da saúde mental, no ambiente da escola, no ambiente empresarial. Por exemplo: "Temos um problema sério com alguém da escola, vamos segregá-lo. Porque se nós o congregarmos, vamos ter de lidar com ele e com o problema".

A perspectiva de vida da congregação, aquilo que faz com que vivamos juntos, exige a ideia de que vivamos em paz. E o que é paz? Retomo sempre: paz é não ser vitimado pela ausência de trabalho honroso. É não ser atingido pela falta de socorro na saúde. É não ser humilhado pela ausência de uma escolaridade completa. É ter uma habitação saudável. Paz é não apequenar a vida.

Paz é estar em paz. Quando você e eu estamos em paz? A paz não é uma coisa contínua. É preciso, como dizia Paulo Freire, lutar por ela. Parece uma contradição lutar pela paz. É curioso, mas a ONU, inclusive, tem um mecanismo chamado "força de paz". A paz não afasta a ideia de força; o que a paz exige é que nós qualifiquemos a força, qual força será usada para que a paz se sustente.

Pode ser a força do exemplo, a força do grupo, às vezes, a força armada, que é aquela que garante que a nossa vida não tenha a paz ameaçada. Muitos imaginam que a paz seria a ausência de qualquer tipo de pressão, e não é. A paz é justamente a condição de impedirmos qualquer forma de segregação ou de apequenamento da vida e também da nossa condição de felicidade.

Evidentemente, nada disso é projeto e caminho individual, o que coloca a necessidade de estudarmos juntos, de irmos atrás de quem nos ajude, conhece, e fundamentalmente, de dedicarmos mais tempo a isso.

Senão, vai se embora mesmo.

# O sonho não é fácil e nem impossível!

Quem estudou latim se lembra que a palavra "feliz" é *felix*, que significa também "fértil". Felicidade é sinônimo de fertilidade. Fertilidade não é apenas gerar outras pessoas. Fertilidade é impedir que a vida cesse na sua múltipla condição. Fertilidade é dificultar a desertificação dos nossos sonhos. Fertilidade é fazer com que não haja a esterilização do nosso futuro. Ser feliz é sentir-se fértil.

Claro que felicidade não é um estado contínuo. Felicidade é uma ocorrência eventual. Não há o estado de felicidade contínua, inclusive porque nós somos seres de carência. A gente tem carências em relação ao nosso corpo, em relação aos nossos desejos, mas fertilidade e felicidade são ocorrências que, no nosso dia a dia, vêm à tona quando sentimos que a vida pulsa.

Pode parecer excessivamente abstrato o que eu estou dizendo, mas vale trazer um pouco para o concreto do nosso cotidiano. Quando você sente felicidade? Quando você se sente completo em algumas situações, quando alguém aprecia alguma coisa que você fez, quando vê o sucesso de uma filha ou de um filho em algo que ele desejava e você admirava, quando alguém chega e lhe dá um beijo roubado (que é o único beijo que lhe deixa mais feliz), quando uma criança sorri para você sem razão.

Felicidade é a gratuidade, isto é, o não obrigatório, que, quando ocorre, você sente a vida pulsar.

Aquilo que mais apequena a vida é a perda da esperança na felicidade. E a felicidade não é só a ausência de atrito. A felicidade é a possibilidade de não fazer com que o atrito se transforme em ruptura. Porque o atrito, inclusive, é parte do mundo físico. Mas a felicidade é quando entendemos que a vida está em equilíbrio. E não é o equilíbrio da estática, é o equilíbrio da bicicleta, quando o equilíbrio se dá no movimento.

Parece muito estranho que alguém venha a falar sobre felicidade nos tempos atuais. Muitas pessoas quase que seriam tentadas a dizer: "Você está brincando! Num mundo como este, você vem falar de felicidade? Com tanta coisa séria para pensar?" Preciso educar meus filhos e preciso formar pessoas para o "mundo real".

Mundo real? Isso não significa "mundo imutável"; reconhecer o mundo como está sendo não nos obriga que aceitemos que só possa ser assim.

"Mas, hoje não cabe a ideia de felicidade. Para quê? A vida é prática, é concreta, taí no real, falar em felicidade é utopia."

Mas essa é, de fato, a única coisa séria. Graças aos céus. Uma das piores coisas que pode ter em nosso cotidiano é perdermos as nossas utopias.

O escritor uruguaio Eduardo Galeano usa uma expressão para a palavra "utopia" que eu acho ótima. Ele diz: "A minha utopia é o meu horizonte". Eu ando dois passos e ele se afasta dois passos, eu ando dez passos e ele se afasta dez passos. Ele disse: "Eu já entendi para que serve a minha utopia. A minha utopia não serve para que eu chegue até ela, mas para me impedir de parar de caminhar".

*"Ah, mas se hoje, do jeito que o mundo está, eu não criar meus filhos e ensinar meus alunos para viverem lá fora..."*

Lá fora, de onde? No mundo fora de casa? Mas ele não tem o mundo fora de casa, ele tem o mundo em que ele vive, que é dentro de casa também...

*"Cortella, você é um utopista"*. Que bom; grato pelo elogio. É preciso sonhar de verdade, indo atrás do que Paulo Freire chamou de "inédito viável", isto é, aquilo que *ainda* não é, mas *pode ser*!

Brinco sempre: sonho é diferente de delírio. Para ser sonho, tem de ser factível, realizável; quando desejo algo não factível, mesmo que ore muito, leia algumas "obras-primas" de autoajuda, de nada adiantará e, aí, era só delírio.

Alguns de nós estamos apodrecendo a ideia de felicidade. Porque felicidade é fertilidade, e para ter fertilidade é preciso ser capaz de transbordar. Quando a água é colocada no copo ela se conforma ao copo.

Nós precisamos transbordar, ir além da borda, sermos inconformados com as amarras que nos contêm, nos aprisionam e nos infelicitam.

# A edificação da Personalidade Ética: um alerta

O amor aceita tudo, dizem às vezes. Cautela! Não são raras as ocasiões nas quais, exatamente por amar, é que não devemos aceitar algumas atitudes.

Existe uma diferença significativa na vida, quando se pensa na relação com os outros, entre *compreender* e *aceitar*. Uma pessoa só pode aceitar ou rejeitar algo ou alguém depois de o ter compreendido.

No entanto, o fato de eu compreendê-lo e, portanto, por exemplo, também amá-lo, não significa que eu aceite o que você faz. Aliás, o amor pressupõe, inclusive, a capacidade de discordar daquele a quem se ama. A discordância é um sinal de amorosidade, quando feita com respeito. Se eu vivo com alguém que sempre concorda comigo em tudo que eu faço, é sinal de que talvez essa pessoa não se importe tanto comigo. Cuidado com gente que concorda com você o tempo todo. Claro, você não pode conviver com alguém que só discorda. Mas alguém que só concorda lhe deixa estacionado.

Quantas vezes meus filhos discordam de mim e eu discordo deles? A discordância respeitosa é sinal de amorosidade. Agora, quando eu digo "Eu amo você, mas discordo disso que você está fazendo", isso dá substância ao amor.

Qual a boa frase? "Eu compreendo até que você faça, quero ajudá-lo a parar de fazer isso, mas não aceito que você faça. Não significa que eu o abandone, mas significa que eu não quero que você faça e estarei junto de você para que deixe de fazê-lo, porque o que você faz é errado."

Se você está fazendo algo que é certo, eu não só compreendo, como aceito. Se aquilo que você faz é equivocado, lhe aceito, mas não aceito o equívoco. Eu te amo, mas não aceito o que está errado. É a clássica frase que algumas religiões usam: "Não esqueça de amar o pecador, mas rejeite o pecado".

É como o médico bom. Ele aprecia o doente, mas não aprecia a doença. Ele gosta do doente, mas não da doença. Ele vai falar para você: "Pare de fazer isso. O seu colesterol está alto. Você está acima do peso, e eu não quero que continue engordando. Eu lhe estimo e você vai reduzir alimento calórico, diminuir a ingestão de fritura, vai ter de andar mais. Sabe por que estou dizendo isso? Porque eu lhe respeito. Porque, se eu não lhe respeitasse, seria indiferente".

Como pais e mães, podemos sim dizer: "Aqui estou, quando você mudar de postura e achar que é a hora do apoio, estarei lhe esperando, mas não me obrigue a engolir aquilo que é errado apenas porque eu lhe gerei. O fato de eu ter lhe gerado me dá responsabilidade sobre você, mas essa responsabilidade não é ausente de deveres da sua parte e da minha. Um dos seus deveres e um dos meus é cuidarmos reciprocamente um do outro. O que você está fazendo, eu imagino, jamais aceitaria que eu fizesse. Não tenho dúvida de que você diria para mim: 'Eu o amo, pai, mas não aceito isso que você está fazendo'".

"Faça o que quiser da sua vida". Esta frase é a do desamor, não a frase do amor.

# A parte que nos cabe...

O Sistema-vida está em risco em nosso planeta; uma das espécies, a nossa, adquiriu tamanho poder de intervenção e modificação, que acabou egoisticamente por adentrar no maléfico território do biocídio.

Biocídio? Isso mesmo. Repita-se: eliminação de variadas formas de Vida, inclusive, claro, a nossa. Extinção em massa, abreviação das condições vitais e, sem menos importância, a erradicação de futuro.

Catastrofismo? Jamais. É só observar, por exemplo: há 150 anos a maior floresta de Araucária do mundo ficava nos estados brasileiros do Paraná e Santa Catarina. Bela paisagem, árvore frondosa, sementes deliciosas (o pinhão cozido), parte da gastronomia especial de paranaenses, como eu. A *Araucaria angustifolia* conseguiu resistir à última glaciação no planeta e sobreviveu exuberante por mais de um milhão e meio de anos; agora, em nosso país, não chega a 4% a área original de árvores dessa espécie.

O que a glaciação não desfez em alguns milhões de anos, nós, espécie agora predatória, aniquilamos em um século e meio!

Isso tudo resulta da soberba daqueles que se arvoraram em "proprietários" do planeta, em vez de entenderem que somos apenas "usuários compartilhantes". Há uma regra básica no Sistema-vida: simbiose, vida junto, interdependência na biodiversidade. Esquecemos isso?

A nossa arrogância é tamanha que agora estamos vivendo à sombra do derretimento veloz das calotas polares, as alterações inauditas oriundas do aquecimento global, a desertificação das florestas, a contaminação das águas. Em função disso, alguns até acham que vamos em breve extinguir a Vida no planeta.

Bobagem. A Vida é anterior a nós aqui e nos sucederá sem dificuldade. O desaparecimento será, isso sim, da nossa espécie e mais algumas que levaremos conosco nessa aventura biocida.

Catastrofismo, de novo? De modo algum. Afinal, o que é que faz um copo transbordar? A primeira gota ou a última? Claro que é qualquer uma delas, pois, se retirada uma e apenas uma, o transbordamento não acontecerá.

É hora urgente de ver qual gota nos cabe retirar desse copo próximo à imundície. Não é uma questão genérica, delegada apenas aos governantes e gigantes econômicos; é nossa demanda prioritária e que, se tardar na reação, cairá na consagrada armadilha da pura espera.

Já é tarde? Não ainda. Karl Marx já dizia no século XIX que a Humanidade nunca se coloca problemas que já não tenha condições para resolver, pois as mesmas condições que geram a consciência do problema são as que ajudarão a gerar soluções.

Portanto? Fácil: o problema é difícil, mas não é invencível. Nós o criamos; nós podemos descriá-lo. Menos cinismo, menos egocentrismo, menos vida imunda, e já conseguiremos sustentar o Futuro. Sabemos: sustentabilidade é exatamente a nossa capacidade de existir de modo pleno sem esgotar as estruturas que geram tal existência, renovando-as e protegendo sua multiplicação.

Mais óbvio? Exaurido o que nos dá sustentação, cessa a sustentação.

E a parte que nos cabe? Bem, o conselho é clássico: a primeira coisa a fazer para sair de lá, quando se está no fundo do poço, é parar de cavar...

# Cooperar para não exaurir !

Quando Gandhi, corretamente irado, advertiu-nos sobre os riscos de uma conduta humana que elegesse a competição obsessiva como um valor de convivência, ele o fez ainda nos inícios do século XX: "Olho por olho, e o mundo acabará cego". Ele estava certo e, quase um século depois, sabemos o quanto a possível cegueira está se tornando um horizonte muito próximo.

Pessoa inspiradora, com vida exemplar e fonte de reflexões, esse foi de fato Mohandas Gandhi, não por acaso chamado de Mahatma (que em sânscrito indica "alma imensa"). Mahatma Gandhi, homem que legou lições que nos alertam e ensinam para além daquele tempo e servem para nossas trajetórias futuras.

A "alma imensa" dele nos ensinou: *Sempre houve o suficiente no mundo para todas as necessidades humanas; nunca haverá o suficiente para a cobiça humana".*

Cobiça humana! Livres somos e, até, cobiçosos, egoístas, individualistas podemos ser; no entanto, sabemos, a cobiça é um "querer sem medida", um "desejo exagerado", uma "avidez doentia".

A cobiça se identifica com a ganância, em vez de fazer contato com a ambição. Uma pessoa ambiciosa é aquela que "quer mais"; uma pessoa gananciosa é aquela que "quer só para si, a qualquer custo".

Uma pessoa ambiciosa quer mais conhecimento, mais bem-estar, mais lucratividade, mas, de modo a evitar a ganância, não pode querer só para ela mesma e de qualquer modo e com qualquer meio.

Por isso, ainda bem que muitas mulheres e muitos homens pelo mundo afora acreditam e praticam o que retirará cada vez mais o véu sombrio da competição doentia: a **cooperação**! A cooperação como atitude ética, a cooperação como valor negocial, a cooperação como princípio para o lucro higiênico, a cooperação como meta solidária, a cooperação como auxiliadora da paz.

A cooperação como **atitude ética**, isto é, como percepção de que "ser humano é ser junto", que o que nos fez sobreviver a todas as intempéries que vitimaram muitas outras espécies foi a força gregária, o trabalho junto, o esforço coletivo, que nos dá realmente a marca de Humanidade.

A cooperação como **valor negocial**, ou seja, a importância que agregar forças de modo nítido e isonômico incrementa as competências e recursos e eleva o lugar de cada um em meio a todos.

A cooperação como **princípio para o lucro higiênico**, isto é, que acolhe a lucratividade como justa remuneração e retorno do esforço feito e da inteligência empregada, sem que se admita que quaisquer meios são válidos para consegui-lo, pois sabe que nem toda vitória é honrosa e nem todo sucesso é decente.

A cooperação como **auxiliadora da paz**, ou seja, a recusa a supor que para que alguém cresça outro precisa ser prejudicado, além de se saber que paz não advém da ausência de conflito (inerente à vida grupal) mas, isso sim, do risco do confronto (quando se quer extinguir alguém).

Há nessa empreitada uma "arte de cooperar", e ela exige da mulher e do homem que dela quiserem participar algumas virtudes: espírito de desprendimento e vontade de partilha; persistência dedicada sem inflexibilidade de posições; procura de harmonia sem abrir mão da sinceridade.

Para não exaurir nossa humanidade, é urgente cooperar, e, todos os dias, recordar este ditado africano: "Se quiser ir apenas rápido, vá sozinho; se quiser ir longe, vá com alguém"...

# Isso é culpa do Governo?

Há uma frase clássica que diz: "Os ausentes nunca têm razão". E há muitas pessoas que se ausentam da tarefa de, como cidadãos no dia a dia, relacionar-se ativamente com o poder público. Por princípio, numa democracia, o poder vem de nós – de cada homem e de cada mulher – que ofertamos, delegamos, entregamos o poder que temos como pessoas, como cidadãos, como contribuintes, para que o Estado dirija as ações em nosso nome.

Questão básica: o Governo nos representa. Nós precisamos fazer com que o poder público esteja atuando na direção das nossas necessidades e, de outro lado, precisamos ter informação, conhecimento, lembrando que a cidadania não se esgota na eleição, não termina no voto. Ela se dá no dia a dia, quando eu participo, quando eu debato, interesso-me.

E por isso, o poder público, isto é, o poder do Estado, é o meu poder. Cada vez que eu deixo de lado a minha participação, a minha presença, eu estou me omitindo. Por isso, quando trazemos à tona o tema do relacionamento ético dos cidadãos entre si e na interface com os poderes públicos, a questão se agudiza.

Faz uma década, pediram a mim que escrevesse algo sobre a Ética na Administração Pública e, na ocasião, registrei algumas percepções que, resumidamente, retomo agora nos quatro parágrafos seguintes.

A maior *fratura ética* que pode acontecer na atuação do Estado é a não consecução de suas finalidades; o mais forte *obstáculo ético* é a falência ou precariedade no oferecimento dos serviços públicos que são custosamente remunerados pela população e que, ao não terem correspondência efetiva (na proporção exata e distributiva do que é pago), adentram perigosamente no perímetro do estelionato.

Há uma causa para isso que, mesmo não sendo a única e nem a mais substantiva, é a que pode mais facilmente ser enfrentada: durante muito tempo gerou-se no Brasil uma análise maniqueísta (e de consequências funestas), na qual se expressou uma divergência (quase excludente) sobre as formas de organização, operação e procedimentos no interior dos setores público e privado.

Tal análise conduziu, entre outras coisas, a uma suposta incompatibilidade para a permuta de métodos executivos entre os dois setores e, mais ainda, a uma avaliação equivocada (se observadas as especificidades) sobre a *qualidade dos efeitos* obtidos: o que se originar no público chegará a um resultado ruim, enquanto que o privado é sempre um modelo de eficiência.

Essa antinomia valorativa não é correta quando olhamos os fatos concretos, dado que resultados bons e ruins temos em ambos os setores. Se assim não fosse, de um lado, o Estado, nos seus três âmbitos, sendo entendido por muitos como naturalmente inepto, teria conduzido a nação para o colapso em todas as áreas de sua atuação; ou, por outro lado, o privado, identificado como padrão de excelência, seria imune a ruínas, déficits e incompetências administrativas ou financeiras.

No entanto, é forçoso aceitar que o Estado, tendo em vista sua finalidade precípua de promover o

Bem-estar da coletividade, preservar o Bem comum e garantir a Cidadania, vem, amiúde, falhando. Enredado continuamente no formalismo exacerbado e no atravancamento oriundo da lentidão burocratista, resultantes de nossa formação histórica (privilegiadora de alguns grupos sociais e, também, de práticas predatórias em relação ao patrimônio conjunto), o setor público (sem afastar-se de seus objetivos maiores) necessita romper essas amarras. Elas, em grande medida, ocasionam a facilitação da *ineficácia*, da *inoperância*, da *incúria*, da *negligência* e da *prevaricação*.

Continuam valendo tais possibilidades; no entanto, o momento é de olhar a contribuição do cidadão e da cidadã para a recusa à degradação ética e eventual inépcia do Estado.

# As contas que são da nossa conta!

Vez ou outra há uma tendência, quando se vai falar de política, de a pessoa dizer: "Ah, não quero falar sobre isso, isso não é da minha conta". Cuidado. A política é da sua conta e é da minha. Partido é uma coisa que a pessoa decide se tem ou não. Política é da nossa conta o tempo todo. Colocar-se como neutro é um ato político. Porque, como a política é a tentativa de acerto de interesses que nem sempre coincidem, colocar-se neutro é ficar sempre ao lado de quem é mais poderoso. Se alguém vê um menino de 15 anos disputando uma bala com um menino de 5 anos e diz: "Não vou me meter", bem, já se meteu. Porque ficar omisso é ficar do lado de quem vai ganhar. É claro que o menino de 15 anos tem mais força do que o menino de 5.

Por isso, o papel do cidadão não é dizer: "Isso não é da minha conta". Ao contrário, é da tua conta, do ponto de vista do tributo, imposto, e é da tua conta como exercício de uma vida consciente. Cada vez que eu me omito, cada vez que eu silencio, cada vez que eu suponho que problemas de governo são apenas do Governo, eu não estou transferindo poder, eu estou abrindo mão dele.

E isso é algo que, entende-se, numa democracia não deva acontecer. É preciso que, cada vez mais, tenhamos clareza que nessa relação Estado-sociedade ambos tenham obrigações e ambos tenham direitos. Não é casual que tenhamos um lema que diz: "Educação, saúde, transporte, habitação: direito do cidadão, dever do Estado". Mas cuidar para que o Estado cuide é um dever nosso. *A tarefa do Estado é cuidar. A nossa tarefa é cuidar para que o Estado cuide.*

O poder público não é somente um território para as nossas reclamações e demandas. O poder público é onde nós exercemos a nossa ação cidadã. Há coisas que eu aprendo, há coisas que eu ensino. O que eu não posso é ficar numa postura de acomodação, de entorpecimento, achando e dizendo o tempo todo: "Alguém tem de fazer alguma coisa". Esta frase tem uma resposta direta: Sou eu, como cidadão e cidadã, que tenho de fazer.

Uma das ações que eu devo fazer é cobrar do poder público que o faça. Às vezes, entender por que faz; em outras, por que não faz; em outras, ainda, o que ele deve fazer. A relação Estado-sociedade é uma relação pedagógica. Paulo Freire dizia: "Ninguém educa ninguém, ninguém se educa sozinho. As pessoas se educam numa relação". É assim que o Estado e a sociedade se educam reciprocamente.

A relação com o Estado é educativa, em que se aprende e se ensina para servir. Servir à vida, servir à capacidade de existir coletivamente, servir à nossa capacidade de humanidade. A finalidade do poder é servir. Servir à comunidade, servir à coletividade. Um poder que, em vez de servir, é um poder que serve a si mesmo, esse é um poder que não serve. A primeira obrigação do poder é servir, isto é, colocar-se a serviço de uma comunidade.

A questão é que isso não é uma obrigação *apenas* de Governo – *também* é de Governo –, mas também o cidadão tem de servir. O serviço do cidadão para o Governo chamamos de obrigação. Nós temos direitos e deveres. Um dos nossos direitos é exigir que o poder público cumpra aquilo que é a sua área de competência. E um dos nossos deveres é servir a nossa capacidade de não admitir que o poder público não faça isso.

Quando se tem um cidadão descuidado é preciso também que o Estado, o poder público, cuide para que não haja descuido. Uma das maneiras de fazê-lo é informar, debater, trazer o diálogo. Não é um vigiar o outro, mas é um ser capaz de supervisionar o trabalho que é feito. Isso vale para o hospital, para o transporte, para a área de segurança. Tudo é uma inter-relação, e quando deixamos isso de lado estamos abrindo mão dos nossos deveres e direitos de cidadão.

Muita gente, por não cumprir as suas tarefas, acaba se restringindo a reclamar do Governo. Às vezes isso é um esporte, como atirar dardos. Não é que governos sejam imunes à reclamação e à crítica. Ao contrário, eu tenho o direito de fazê-lo. Mas eu não posso, como cidadão, habituar-me a, em vez de fazer o que tenho de fazer, apenas reclamar.

Se eu participo, se eu tenho atividade, eu cumpro a antiga máxima: "É melhor acender uma vela do que amaldiçoar a escuridão".

# Ética não é enfeite!

Precisamos lembrar: não existe ética individual. Ética é sempre de um grupo, de uma coletividade. Ética é o conjunto de valores e princípios que você e eu utilizamos em nossa conduta. Por isso, a ética é sempre de um grupo, de uma coletividade, e nosso sonho é uma ética universal, que todos os homens e mulheres do planeta a tenham partilhada – não existe ainda, a não ser como horizonte.

Mas, entendida a ética como princípios e valores de nossa conduta, isso nos coloca um problema. Não existe ninguém, em sã consciência, que não tenha ética.

Pessoas que não pensam como você e eu, nós podemos dizer que são antiéticas (do nosso ponto de vista), mas não deixam de ter princípios e valores em sua conduta. Por exemplo: um traficante tem uma ética na qual cabe um comportamento de fazer mal ao outro. Um pai ou uma mãe que abandona o filho, um pai ou uma mãe relapsos ou levianos, eles têm uma ética. Às vezes se fala de uma forma equivocada: "Tal pessoa não tem ética". Tal pessoa não tem é a ética que nós precisamos partilhar e defender! Por exemplo: alguém que frauda o orçamento público, alguém que furta, apossa-se do que não lhe pertence, alguém que ultrapassa o limite de velocidade, alguém que leva vantagem em beneficio próprio, dando prejuízo aos outros, tem uma ética na qual cabe esse comportamento.

Existe um tipo de gente que não tem ética: aquele que não tem capacidade de decidir, escolher, julgar. Em outras palavras, que não está em "sã consciência". Por exemplo: uma pessoa com problemas mentais, aquilo que se chama demência, uma criança muito pequena ou um adulto idoso já com dificuldade de raciocínio. A lei o define como incapaz: a incapacidade de decisão, de escolha. Sobre quem não pode decidir ficamos impedidos de dizer que não tem ética, mas só sobre esse.

Hoje a ética de proteção da vida, a ética de coletividade, que é uma das formas mais fortes para a elevação de nossa condição, vem sofrendo vários abalos.

Cresceu muito a ética fingida, exibida apenas como fachada, na qual se prega o que não se pratica. A essa se junta outra ética perigosa, que é a do "cada um por si e Deus por todos", ou, o que é pior: "Cada macaco no seu galho". As pessoas chegam a dizer o seguinte: "Olha, se eu ganhar sozinho na Mega-sena® acumulada, se eu ganhar 20 milhões numa loteria, eu sumo. Nunca mais vocês vão me ver".

Ou seja, é uma ética egonarcísica, na qual aparece demais a ideia de que "eu me safando, os outros... o que eu posso fazer?" Portanto, é uma ética na qual o valor e o princípio da solidariedade, da fraternidade, da amorosidade se ausenta com muita facilidade.

Isso vale em vários níveis. No mundo atual, esse tipo de ética, egonarcísica, destrutiva, muitas vezes hipócrita, não tem a completa predominância, mas tem uma presença forte. Aliás, muitas vezes na mídia, na escola, no dia a dia, nos comportamentos, as pessoas aderem a essa ética, que é a ética da conveniência. "Olha, eu até não faria, mas como é melhor para mim...", "Eu sei que não é certo ultrapassar o limite de velocidade, mas eu estava precisando...", "Eu sei que não é certo não registrar a empregada doméstica que trabalha na minha casa, mas, se eu não fizer isso, eu não consigo..."

É a ética da conveniência, que é mais ou menos como falar "Eu sei que não devo fazer caixa dois para a política, mas, se eu não fizer, não consigo financiar a campanha". E tem gente que adere à ética da conveniência, inclusive na família, na empresa, na escola, o que é coisa muito negativa.

A Ética maiúscula é a Ética da Vida Coletiva Digna, e se edifica no exercício da vida de cada um e de cada uma, em nossas ações morais ou imorais e em nossas intenções sinceras ou cínicas; é fruto das escolhas.

# Um cafuné na cabeça, malandro...

Bob Thaves, falecido em 1º de agosto de 2006, aos 81 anos, é o criador da estupenda "tirinha" de jornal "Frank & Ernest". Norte-americano, Thaves atuou muitos anos em psicologia industrial, antes de dedicar-se exclusivamente ao cartunismo, com um humor ácido, frequentemente irônico, às vezes inocente, e beirando a iconoclastia.

Seguindo essa mesma linha de caráter, os dois personagens, Frank e Ernest, ainda encantam e surpreendem nas publicações em milhares de jornais pelo mundo afora, em uma trajetória que se iniciou no final dos anos 1960 e que, hoje especialmente, serve bastante para pensar o ambiente organizacional e o cotidiano das pessoas.

Uma dessas tiras é, para mim, inesquecível, e sempre gosto de relembrá-la ao falar sobre lazer, ócio, diversão e, claro, ambiente de trabalho. A dupla está conversando, em mais um de seus momentos de pouca dedicação, e Frank pergunta a Ernest: "Você acha que nós somos vagabundos?" Ernest não titubeia: "Não, nós não somos vagabundos; vagabundo é quem não tem o que fazer. Nós temos; só não fazemos..."

Genial! Uma ideia claríssima: não confundir ócio com vagabundagem! Ócio não é sinônimo de desocupação, mas, isso sim, de escolha livre e prazerosa em relação ao que se deseja fazer, de modo a ser dono de seu próprio tempo. Não há, de fato, ócio para um prisioneiro ou desempregado; o que há é apenas desocupação. A finalidade central do aproveitamento do ócio não é "passar o tempo" ou "matar o tempo". Aliás, como lembrou Millôr Fernandes, "Quem mata o tempo não é assassino, mas sim um suicida".

É por isso que o turismo é uma forma exuberante de fruir o ócio, no caso um ócio recreativo profundamente sábio, pois rompe a rotina, aumenta o conhecimento, expande o repertório intelectual e educa os múltiplos sentidos.

O turismo é uma maneira voluntária e apreciável de fazer um agrado em si mesma ou em si mesmo. É um afago, uma carícia, ou, como se dizia na mãe África, um cafuné. Lembra? Em 1980, Milton Nascimento lançou o disco *Sentinela*, e lá está uma música (dele, sobre poema de Leila Diniz) com título provocativo e verdadeiro: *Um cafuné na cabeça, malandro, eu quero até de macaco*.

O lazer transmutado em passeio, viagem, caminhada, turnê, excursão é um delicioso autocafuné.

Há empresas que não estimulam tal prática e nem facilitam parcerias para que esse lazer seja incorporado ao universo dos empregados. Isso é falta de inteligência estratégica! Uma pessoa que for incentivada a usar o tempo livre para sair da monotonização do dia a dia, provocada a reinventar horizontes e desafiada a passear para dentro e para fora de si mesma, ganha mais vitalidade e, claro, produtividade e bem-estar.

Hoje, quando se fala em "Qualidade de Vida" nas organizações, muitas se limitam a montar academias para exercícios no espaço de trabalho, fazer ginástica laboral antes do expediente, oferecer nichos de *quick-massage*. Isso é ponto de partida, mas, insuficiente. Serve bem para recompor energias momentaneamente, sem, contudo, favorecer o arejamento do espírito de forma mais substantiva e menos passageira.

Está faltando "cafuné" no mundo do trabalho. Não é só uma passadinha de mão na cabeça; é, de verdade, o compromisso com um lazer sadio, familiarmente partilhado e vetor de sustentabilidade. Turismo? Sem dúvida; ninguém perde com isso.

Aí sim, não dá vontade excessiva de se ficar turistando no emprego...

# Assédio moral: nome novo, antiga e má prática

Violência! Ninguém com consciência sadia e retidão ética pode aceitar sua prática como parte obrigatória da vida; no entanto, para muita gente a violência tem uma natureza puramente física, ao machucar ou matar alguém ou algum ser vivo. Ora, ofensas, sarcasmo, xingamentos também são formas de violência.

Pensemos: Como reconhecer essa violência mais sutil? Quando uma brincadeira, por exemplo, deixa de ser inofensiva e passa a ser uma ação de violência?

Violência é tudo o que afeta a integridade física e mental de alguém e, por isso, conduz a algum sofrimento não consentido; assim, a violência simbólica tem a intenção de rebaixar a dignidade de alguém e nessa pessoa provocar desconforto e temor, o que, sem dúvida, inclui sarcasmos e xingamentos.

A violência mais sutil é aquela que se apresenta em forma de brincadeira ou sob o argumento de servir como incentivo para alguma providência da vítima. Nesse caso, brincadeira de fato é quando todos e todas se divertem e acham "graça" em algo; quando, em uma brincadeira, alguém não se sente engraçado (cheio de graça) e sim desgraçado (sem graça) não é mais brincadeira.

Pensemos de novo: Será que eu estou praticando assédio moral com meu parceiro, meus colegas de trabalho, minha família ou outras pessoas à minha volta? Como reconheço isso? E como faço para evitar essa prática?

O assédio moral acontece todas as vezes em que gero constrangimento em alguém, obrigando-o a fazer algo ou impedindo-o de fazer algo fora do limite da ética da convivência reciprocamente saudável; também desponta assédio quando uso da minha autoridade hierárquica, ou familiar, ou econômica, para manietar a liberdade de pensamento e ação. O mais presente é o assédio em forma de humilhação; como dizia Nelson Rodrigues, "O que dói na bofetada é o som". Para evitar essa prática é preciso prestar muita atenção ao modo como a pessoa com quem convivo se sente com as minhas palavras, isto é, se estas geram desconforto subserviente ou se, de modo positivo, são acolhidas como crítica construtiva.

Criticar é ser capaz de escolher o que aceita e o que rejeita; ser responsável é assumir com honestidade de propósitos aquilo que pratica. Portanto, se formo para o Bem, a crítica e a responsabilidade irão nessa direção; se, em vez de formar, eu oculto a realidade, ou finjo que não é como é, o máximo que consigo é uma pessoa alienada.

O discurso apocalíptico (O que podemos fazer? A vida é assim!) é o discurso da desistência; o pessimista é alguém derrotado antes que o combate comece. Retomando sempre com ênfase o que Paulo Freire já dizia: É preciso ter esperança, mas tem de ser do verbo esperançar, porque tem gente com esperança do verbo esperar, e, aí, não é esperança, mas pura espera.

Atualmente fala-se bastante, por exemplo, em *bullying*; penso, inclusive, que não necessitamos usar o termo em inglês, pois a existência do verbo "bulir" em português é suficiente, por ter o sentido de "mexer de forma incômoda com alguém". Tem-se a sensação de que o bulir é algo exclusivo da escola, mas a educação que recebemos em casa pode incentivar a violência ou ajudar a combatê-la, e não devemos ficar na "pura espera".

A temática foi agudizada nos últimos tempos por ter ganhado novas amplificações com o uso das redes sociais para disseminar também a discriminação e o preconceito; parte dos pais e educadores ainda não percebeu que, como dizem os bombeiros (e que Janete Leão Ferraz e eu escrevemos no livro *Escola e preconceito*) "nenhum incêndio começa grande; todos principiam por uma fagulha, uma pequena chama, um disparo".

Assim, a família e a escola devem recusar qualquer expressão, mesmo que mínima, de intolerância e agressão.

# E essa tal Diversidade ?

Diversidade é a expressão da Vida Humana nas suas múltiplas, variadas e particulares manifestações. O segredo da Natureza é a Biodiversidade; o segredo da Humanidade é a Antropodiversidade. O respeito à Diversidade é a capacidade de afastar a tolice arrogante que supõe ser o único modo correto de existir e, ao mesmo tempo, indica inteligência estratégica de aprender com o diverso e, portanto, com aquilo que comporta outro olhar e alternativas de percepção e ação.

Sempre ficamos imaginando qual seria o lugar mais exato de onde emana o preconceito; contudo, não há fonte única para o desprezo ao diverso; as fontes são inúmeras para a intolerância, desde as bases familiares até instituições sociais como certa mídia, algumas igrejas, determinados processos pedagógicos, que carregam a caricaturização do Diferente como se ele fosse também Desigual.

Nos tempos atuais muitas empresas procuram trazer o acolhimento da Diversidade como um dos seus pilares de presença valorizada nas comunidades nas quais se inserem. Ações de inclusão e diversidade fazem parte da dimensão Ética da prática da empresa séria e com honestidade de propósitos.

No entanto, lembro amiúde, Ética não é cosmética, não deve ser mera maquiagem provisória e superficial. Por isso, o passo mais forte nessa direção precisa ser dado pelo consumidor/cliente consciente dos equívocos que podem ser cometidos em toda a cadeia produtiva ou de serviços e, ao juntar-se em movimentos organizados, rejeitar a relação de negócios com quem for biocida ou liberticida, tal como já ocorre em alguns países.

Afinal, a responsabilidade é coletiva e, para tanto, precisamos demolir com urgência o primado da máxima (bastante mínima) *Cada um por si e Deus por todos* pela força histórica da outra *Um por todos e todos por um.*

A Vida é obra coletiva, construída no cotidiano e com sentido na História. O poeta João Cabral de Melo Neto nos alertou que "um galo sozinho não tece uma manhã"; por outro lado, além da união em torno da causa não podemos esquecer da força que as ações litigantes (e que recusam a discriminação, o preconceito ou a exclusão) podem ter na normatização jurídica de nossa convivência.

Em nosso país vale uma grande indagação: estamos caminhando rumo à equidade ou rumo a uma sociedade na qual as pessoas estarão cada vez mais focadas em suas próprias realidades e interesses? Podemos ter os dois cenários, e a escolha por um deles não é mera decisão individual.

Se quisermos evitar o esboroamento de qualquer civilidade é necessário nos juntarmos aos que também rejeitam tal possibilidade e partirmos para a ação que pode, inclusive, obrigar-nos a abrir mão de privilégios eventuais, mas que nos permitirá Futuro.

A preservação e o respeito à individualidade é um valor a ser protegido; o grande risco está em admitir o individualismo, ou seja, a postura egocêntrica e exclusivista, que costuma redundar em convivência predatória. Porém, há muitos homens e muitas mulheres que rejeitam tal posição e, em vez de ficarem bradando por aí: "Alguém tem de fazer alguma coisa!", juntam-se para fazer o que pode e precisa ser feito. É possível, sim, recusar o fratricídio paulatino e aderir a princípios de compartilhamento da Vida que nos impeçam desprezar a Fraternidade.

Há um passo essencial: lembrar sempre que reconhecer as Diferenças não implica exaltar as Desigualdades. Homens e mulheres são diferentes, não são desiguais. Nordestinos e sudestinos são diferentes, não são desiguais. Negros e brancos são diferentes, não são desiguais.

A Igualdade é um constitutivo ético, enquanto a Diferença resulta do biológico ou de uma história que também pode ser mudada para melhor.

# O lugar do Medo

A Natureza colocou em nós dois mecanismos de defesa: Dor e Medo. Sem esses dois deixaríamos de ter alertas e de ficar em estado de atenção; afinal, a maior vulnerabilidade é supor-se invulnerável. O Medo, portanto, não nos ameaça, a não ser quando se torna exagerado (e vira Pânico), ou irracional ou obsessivo, saindo do território da prontidão e entrando no território da doença.

Muita gente quer evitar que uma criança tenha medo, mas, para ela, o significado é o mesmo: mecanismo de defesa. Porém, o desenvolvimento ainda incipiente dos movimentos mais elaborados de racionalidade levam a criança a maximizar seus medos e focá-los em lugares onde não deveriam e nem precisariam estar, e esta criança deve ser formada para ver o medo onde de fato está.

O medo, ao ser enfrentado, dá vigor à identidade e à personalidade; afinal, uma criança sempre precisa ser lembrada que Coragem não é ausência de medo, mas, isso sim, a capacidade de enfrentá-lo. Ter coragem é não acatar uma visão fatalista ou aterrorizante daquilo que nos cerca e saber que o enfrentamento do que nos amedronta exige reflexão, preparo e ação.

Adultos equivocados desprezam os medos infantis, supondo serem banais ou secundários, apenas por virem de seres imaturos; porém, o medo na infância deve ter um tratamento inteligente por parte dos cuidadores: ajudar a criança a identificá-lo, examiná-lo e enfrentá-lo, sem fingir que é pequeno algo que, para o paciente, tem dimensão maior.

Há certa "cultura do medo" em sentido maleficente quando, na relação adulto/criança, condiciona-se algum comportamento a um temor, ao dizer, por exemplo, que se a criança não dormir em determinada hora o lobo irá pegá-la.

Isso é sinal de quê? De que também há adultos imaturos. Apavorar alguém ou fazê-lo praticar uma ação desejada por meio de tortura psicológica é sinal de despreparo e infantilidade fora de época. Alguém, criança ou não, que obedeça apenas movido pelo temor, perderá autonomia e terá uma personalidade adoentada.

Há, por exemplo, dois tipos básicos de pais/mães: aqueles que apavoram os filhos e aqueles que os alertam. Uma criança está, digamos, em cima de um muro; o adulto apavorador gritará: "Desça daí porque você *vai* cair!", enquanto que o adulto orientador dirá: "Cuidado, pois você *pode* cair". O primeiro faz uma profecia; o segundo adverte.

Pergunta clássica: existe algum medo universal? Parece que o medo mais presente em todas as culturas é o do abandono e da solidão; somos seres gregários, e agregados queremos estar. Ficar sozinho é um desejo eventual; ser solitário é um desespero.

E a Morte? Seria ela um "medo universal"? A Morte e suas faces não se repetem do mesmo modo entre toda a humanidade. Há sociedades nas quais ela é entendida de fato como parte da existência; em outras é tratada como mera porta de passagem para outra forma de ser; certas delas entendem que não se morre por completo, apenas o corpo deixa de ser do modo que é.

Na sociedade ocidental houve uma desnaturalização da Morte, e a cosmovisão científica nos leva a supor ser ela, a Morte, um defeito a ser sanado pela

Razão e pela Tecnologia; por isso, tentamos desesperadamente afastar o que nos acompanha por toda a trajetória vital. No livro *Não espere pelo epitáfio*... escrevi que é só observar que a criança, antes de ser "adulterada", refere-se à Morte como uma questão de tempo, enquanto que os adultos o fazem sempre no condicional. Diz o pequeno: "Pai, quando vovó morrer, quem vai ficar na casa dela?"; imediatamente o adulto "corrige": "Filho, não é quando que se deve dizer, é se a vovó morrer"...

Enfrentamos também o Medo com humor, qualidade especial nossa; Woody Allen, ao ser perguntado se tinha medo da Morte, disse: "Não tenho medo algum; apenas não quero estar lá quando isso acontecer"...

# Para além das retinas fatigadas...

Em 1924 o inquietante Oswald de Andrade cravou no peito de parte da vampiresca elite intelectual e econômica brasileira – habituada a apenas sugar o sangue literário advindo da Europa e, depois, hemorragicamente, expelir pedantes perdigotos – uma estaca certeira: o *Manifesto da poesia pau-brasil*. Nesse inteligente panfleto bradou: "Nenhuma fórmula para a contemporânea expressão do mundo. *Ver com olhos livres*".

*Ver com olhos livres!* No original do manifesto está em itálico, é a única frase destacada assim pelo próprio autor. É uma invocação, um grito, uma palavra de ordem. A defesa intransigente da possibilidade de um **olhar** não reprimido, não constrangido pelo óbvio, um olhar que consiga transbordar e derramar-se para fora do que o limita.

Foi exatamente isso que fez Carlos Drummond de Andrade (irreconhecível sem os óculos), quando, em julho de 1928, publicou na *Revista de Antropofagia* o poema (futurista?) "No meio do caminho". *"Nunca me esquecerei desse acontecimento na vida de minhas retinas tão fatigadas"*. Quem não se lembra desse clássico e perene trecho?

Qual era, de fato, o acontecimento a não ser esquecido? Ver a pedra no meio do caminho ou notar a fadiga das retinas? Notar o que antes nunca houvera sido notado? Dirigir o olhar para aquilo que, presença muda em forma de pedra, era visto sem ser olhado? Uma "inútil paisagem"?

A fadiga das retinas leva ao hábito resignado de ver somente aquilo que a vista alcança; a repetição demasiada do *mesmo olhar* repousa resignada em uma redundância visual. Por que disse Drummond o seu *"Nunca me esquecerei que no meio do caminho / tinha uma pedra / Tinha uma pedra no meio do caminho / no meio do caminho tinha uma pedra"*? Repetir a sonoridade do agora visto, de modo a obrigar a audição a enxergar um pouco mais.

Pode ser que, tal como cada vez mais se proclama (especialmente quando se deseja reinventar a novidade), o poeta procurasse um **novo olhar**, com olhos de intenção atrevida, provocativos, forçando um estrabismo estético. Descentrar o foco, obrigar a ver de outro modo, até ensinar as pupilas, desregulando por artifício a luz que invade olhos distraídos de tanto ver do mesmo jeito.

Agarrar as discípulas pupilas e dilatá-las pelo espanto poético!

Fazer o que fez Drummond, ao iniciar os versos retomando e reolhando – quase insolente – a frase inicial da *Comédia*, de Dante Alighieri, em 1321: *Nel mezzo del camin di nostra vita*. O Canto I, em tradução mais livre, principia o relato sobre *O inferno* com um *"Quando eu me encontrava na metade do caminho de nossa vida, me vi perdido em uma selva escura, e a minha vida não mais seguia o caminho certo"*. O escuro impede que se veja, mas, jamais que se olhe; o olhar e o ver são diferentes, pois o olhar é uma percepção que independe de luminosidade externa.

É assim que Dante, guiado por Virgílio, sai de lá e vai até o caminho certo, procura o Paraíso e, nele, Beatriz, visão magnífica. Virgílio, o guia do florentino, apontara a força da superação do acúmulo de pedras no meio do caminho em *Eneida*, relato mitológico sobre a fuga de Enéas. A epopeia do herói fugido da derrotada Troia, resistindo a inúmeros tropeços, culmina na Itália, quando, ao casar-se com Lavínia, filha de Latino, torna-se o rei do Lácio.

*"Última flor do Lácio, inculta e bela"*; assim começa Olavo Bilac o inesquecível poema sobre o nosso idioma, o Bilac que em 1888 escrevera um outro com o título *Nel mezzo del camin* (isso mesmo!) e cujo começo é *Cheguei. Chegaste. Vinhas fatigada / E triste, e triste e fatigado eu vinha.*

Caminho, fadiga, pedra nunca antes vista. Escuridão a romper. Mudar o olhar já é mudar de caminho. Face ao enfado, à modorra, à monotonia cansativa, é preciso dar vitalidade ao olhar! Ou, melhor ainda, um novo ponto de vista...

Ver com os olhos livres! Outras perspectivas, multiolhares, plurivisões, polioculares. Sem fadiga e nem presbiopia. Ver largo, fundo e longe. Uma vez, cinco vezes, dez vezes, cinquenta vezes.

A perder de vista...

# A odisseia
# dos lunáticos

Em meados do século IV do calendário comum nasceu na Dalmácia – uma antiga província romana que corresponderia hoje ao belíssimo litoral e ilhas da Croácia, no Mar Adriático – um menino que foi chamado Jerônimo. Durante seus 73 anos de vida foi incansável caminhante. Jovem ainda, mudou-se para Roma, às margens do Rio Tibre, onde aderiu ao cristianismo; de lá foi para Tréveris, um porto na Gália, e depois, ainda na Itália, voltou para a beira do Adriático, em Aquileia (cidade que Átila um dia destruiu), até ficar um tempo no Deserto de Cálcida, na Síria. Da vida eremítica partiu direto para Constantinopla (agora Istambul), entre o Mediterrâneo e o Mar Negro, vivendo ali alguns anos até mudar-se para Belém, na Judeia, e próxima de Jerusalém, onde morreu em 420.

Jerônimo, homem de mente ampla e espírito acolhedor, viajou, experimentou, aprendeu, ensinou, respeitou, meditou. Tornou-se afamado por ter traduzido com extremo cuidado a Bíblia cristã para o latim, apoiando-se diretamente nos textos em hebraico e cotejando-os com versões greco-judaicas; adotada oficialmente pela Igreja Católica, essa tradução ficou conhecida como *Vulgata* (*editio vulgata*, isto é, edição divulgada).

Foi exatamente esse grande teólogo que criou uma das palavras mais curiosas para designar alguém que seja considerado maluco ou avoado; por entender, como muitos na época, que uma pessoa perturbada ou inquieta sofria influência da Lua, usou o termo *lunaticus*. Esse vocábulo servia para identificar tanto os suscetíveis às fases lunares quanto os que estavam sempre "no mundo da Lua", ou seja, com o pensamento viajante.

Aliás, lunáticos sempre o fomos, pois, desde os tempos imemoriais, quisemos ansiosamente chegar até a Lua, por ela fazer um *tour*, nela sermos turistas; por milhares de anos seguidos, ainda que vivendo na imensa e desconhecida Terra, fixamos um contraditório olhar nostálgico "naquele outro lugar", distante de nós, mas, por isso mesmo, diferente, inédito, sedutor. Nem conseguíramos estar por todo o planeta no qual somos usuários compartilhantes da Vida e já procurávamos ir mais além.

Um dia, em pleno século XX e homenageando a divindade grega Apolo – deus também da luz e identificado ao Sol – a humanidade vivente no norte da América inventou um jeito eficaz de ir até a Lua. Durante muitos anos, 17 naves do Projeto Apollo percorreram os aproximados 380.000 quilômetros que nos separam do satélite natural, sendo que sete delas (Apollo 11 até 17, sempre com três pessoas a bordo) deveriam nele pousar, embora apenas seis o tenham conseguido, em função da falha na 13.

A primeira que lá chegou, em julho de 1969, permitiu que apenas dois dos humanos nela pisassem, dado que o terceiro precisava ficar no módulo de comando em órbita; assim foi sucessivamente com as outras Apollo, até que, em dezembro de 1972, os dois últimos lá puseram os pés. Doze astronautas, e somente doze, na Lua estiveram. Nunca mais voltamos. Agora, queremos chegar a Marte!

Navegadores entre os astros, astronautas! Essa palavra foi criada por Júlio Verne, que morreu em 1905, um estupendo turista literário; seus livros são tão clássicos que, nos nossos tempos, parecem títulos de reportagens sobre turismo: *Cinco semanas num balão, Viagem ao centro da Terra, Da Terra à Lua, Vinte mil léguas submarinas, A ilha misteriosa, A volta ao mundo em oitenta dias.* Toda essa obra nos provoca continuamente a gana por vagar pelos mundos. Vagamundo, estar por aí, dar um giro, vagabundo (em grego *planetés*, sentido original de planeta).

Astronautas somos, argonautas fomos. Os Argonautas! Música lusiádica gerada por Caetano Veloso, e que na primeira estrofe lembra *"O barco, meu coração não aguenta / Tanta tormenta, alegria / Meu coração não contenta / O dia, o marco, meu coração, o porto, não / Navegar é preciso, viver não é preciso"*. Cita, de propósito, uma referência feita pelo insubstituível Fernando Pessoa que, em poema sem data e sem assinatura, *Palavras de Pórtico*, chama de glorioso esse verso final proclamado por navegadores antigos.

Afinal, *"Navegar é preciso, viver não é preciso"*, escreveu Plutarco na *Vida de Pompeu*; foi a resposta dada pelo grande general aos marinheiros que, face a uma tempestade, queriam impedir que embarcasse.

Os argonautas! Na mitologia grega, heróis que velejaram na nau *Argó* para recuperar e dominar o mundo conhecido; da nau vem também o nome Argos, o cão de Ulisses, que morre logo após reconhecê-lo no retorno, depois de mais de uma dezena de anos em que partira o dono para a Guerra de Troia. O relato dessa maravilhosa epopeia repleta de surpresas, lugares, paisagens, perigos, está presente nos vinte e quatro cantos da *Odisseia*, atribuída ao cego (imagine!) Homero, que resolveu cantar os percursos e percalços de Odisseus (chamado Ulisses em latim), navegador compulsório e errante intencional.

Sempre achei que esses semideuses e heróis gregos eram meio lunáticos; aquela história de que foram até Troia apenas para recuperar Helena dos braços de Páris, seu raptor, não faz muito sentido.

O que eles queriam mesmo, tal como nós desde os primórdios, era viajar...

# Me dê motivo?

Um pouco do óbvio? Motivação é aquilo que move alguém. O tempo verbal *emovere*, no latim, significa "movimentar", "mexer", "tocar"; ele está ligado à palavra "emoção". Motiva-me aquilo que me toca, aquilo que me emociona; portanto, aquilo que me afeta de alguma maneira.

Aquilo que me emociona pode me afetar, me motivar, de maneira negativa, para eu fugir, para eu rejeitar, para eu recusar. Ou pode me emocionar, me motivar para aquilo que é positivo para eu aderir, para eu me comprometer, para eu fazer parte.

Por isso, um trabalho no qual eu encontro e desejo qualidade é aquele que me emociona positivamente. Porque há trabalhos – e até mais do que trabalhos; empregos, atividades, ocupações – que acabam por me motivar negativamente, e essa motivação negativa nós chamamos de desmotivação. Porque me dá uma emoção ruim da qual eu quero escapar, eu quero esvaziar aquela emoção. Um sintoma muito comum disso é quando você ou eu, por exemplo, não queremos levantar de manhã para ir àquele emprego. A gente arruma todas as desculpas ou até deseja que naquele dia haja uma quebra do sistema de ônibus ou que tenha um "ensaio de incêndio" em algum lugar. Cansaço é quando quero "dormir mais um pouco"; estresse desmotivador é quando "nem quero levantar"...

Portanto, motivar é ser sensibilizado, tocado por algo. Se for positivo, eleva; se for negativo, eu quero escapar.

Claro que, de certa maneira, só existe a automotivação. Aquilo que se chama de motivação externa é muito mais um estímulo do que, de fato, uma motivação. Quando eu digo para alguém que, por exemplo, está praticando um esporte, que eu estou torcendo, eu não estou motivando, mas estou estimulando. Quem tem mesmo que jogar e fazer força é quem está na prática. Desse ponto de vista, quando alguém está caminhando e eu digo: "Vamos lá, força!", eu estou estimulando, fazendo com que ele pegue aquilo que tem e eleve na condição máxima.

Mas, concretamente, só existe a automotivação. Afinal de contas, se eu não encontro naquilo que faço energia positiva para continuar fazendo, não será "alguém fora de mim" que vai me oferecer isso. Porque grandes motivações são grandes motivos. Portanto, são grandes razões. Por isso que a gente precisa fazer uma distinção entre trabalho e emprego. Emprego é fonte de renda, e trabalho é fonte de vida. Emprego é onde eu faço algo que me leva a ter uma remuneração. Trabalho é aquilo que eu faço até de graça, e faço como sentido de vida.

Muitas pessoas encontram no emprego o trabalho que querem ter e por isso estão sempre motivadas para fazê-lo. Aquelas que não encontram no emprego o trabalho que queriam ter vivem dizendo: "Ah, se eu pudesse...", "No dia que der vou fazer o que eu quero", e por isso cria uma condição ainda mais negativa.

Nietzsche tem um conceito inconcluso em sua grande filosofia que expressa os ciclos repetitivos da Vida, o "eterno retorno". Muita gente parece parodiar o filósofo alemão e "escreve" em sua vida o "eterno desgosto"; o resmungo contínuo.

Aquele que encontra no emprego o trabalho que quer ter está sempre motivado positivamente.

Aquele que não encontra, de nada adianta ele ser estimulado. Tal pessoa precisa rever os objetivos que tem na vida e aquilo que faz.

Assim, uma pessoa dificilmente motiva a outra se esta não tiver dentro de si um impulso original, uma inclinação, aquilo que se chamaria, usando um latim mais antigo, de tendência. Se você se inclina numa direção, aquele que está a seu lado pode apoiá-lo naquela inclinação e até ajudá-lo a inclinar-se. Mas, se resisto à inclinação, é claro que o outro, no máximo, fará força sobre eu, até em direção contrária. Se eu tenho uma inclinação, então esta motivação que parte de dentro terá eficácia e alcançará o seu lugar.

Me dou motivo?

# "Foi sem querer, querendo?"

A ética pressupõe a liberdade, lembramos sempre. A ética pressupõe a capacidade de decidir, de escolher e de julgar. Porém, os que estivermos aptos a decidir, todos os dias vivemos dilemas éticos.

Existem os dilemas éticos e os conflitos éticos. O que é um dilema ético? É quando eu tenho de escolher entre duas coisas que desejo, mas só uma delas é eticamente saudável. Por exemplo: a primeira é "Eu quero ir a um lugar com a carteira de habilitação vencida". A segunda é: "Eu não quero infringir a lei". As duas coisas você deseja, mas uma delas iria desviá-lo do correto.

Já o conflito ético é quando eu desejo duas coisas, ambas aceitáveis, mas eu só posso escolher uma.

Exemplo: hoje à noite eu quero encontrar a minha esposa e ficar com ela. Mas também tenho um convite para ficar com amigos. As duas coisas eu desejo, as duas são eticamente aceitáveis. Vou ter de escolher uma delas. Eu não tenho obrigação em relação a nenhuma delas.

Desse modo, outra coisa é o dilema. Todo o tempo você e eu vivemos dilemas e conflitos éticos, e isso nos testa, obriga a assumirmos posições e transparências.

Nós somos colocados à prova eticamente de maneira contínua. Por exemplo: "Passo ou não pelo semáforo no vermelho?" Meu genro me oferece carteira de estudante e, aos 55 anos, aceito porque pago meia entrada. Mas eu não sou mais estudante. Mas eu tenho vontade de pagar meia, porque eu economizo. Comprar ou não um produto pirata? O produto pirata dá emprego em outro país, não paga imposto e ainda às vezes favorece o tráfico de arma e de droga porque pode vir no mesmo contêiner. Ah, mas é mais barato. Compro ou não compro? Você chega a um escritório ou consultório e o profissional diz: "Com ou sem recibo?" Essa é uma questão difícil...

A manutenção da ética íntegra depende dos seus princípios. Nunca nós deixaremos de ter dilemas quando fizermos a opção errada. Seja no dia em que "colamos" na escola em vez de estudar, seja quando dissemos algo a alguém só para brincar com ele e humilhá-lo. Quantas vezes, quando jovens ou crianças, tripudiamos sobre a outra pessoa? E até como adultos aproveitamos oportunidades para fustigar o outro. Quantas vezes, nos casais, um ofende o outro, sabe que vai machucar a outra pessoa, mas faz de propósito?

Ética é escolha, ética é decisão. Portanto, é inaceitável alguém dizer: "Olha, eu por mim não faria, mas, como sou professor, tenho de fazer"; "Eu, por mim não faria, mas, como sou chefe, eu tenho de fazer".

Ora, eu não sou eu e uma função. Se eu sou uma pessoa inteira, não posso dizer: "Eu, por mim não te reprovaria, mas, como sou seu professor..."; "Eu, por mim não te colocaria de castigo, mas, como sou seu pai..." Isto é equivocado. Eu não sou eu e um pai, eu e um amigo, eu e um chefe, eu e um professor. Eu sou eu.

"Eu, por mim não faria"? Então não faço. Ou eu tenho integridade (uma pessoa que não tem duas caras) ou eu não sou inteiro.

A partir de uma determinada idade, e quando tenho sanidade, posso decidir. Por exemplo, a droga me coloca num determinado estado em que perco a minha capacidade de juízo, mas ela não tira a totalidade de minha responsabilidade. Tanto que, se cometo um deslize do ponto de vista legal, tendo consumido droga ilegal ou droga legal, como é o caso do álcool, não posso argumentar que sou inocente. Eu posso dizer que não tinha a intenção de fazer aquilo, mas continua a culpa e a responsabilidade.

A ética está conectada ao território da liberdade e da capacidade de escolha.

Por isso, vale a clássica brincadeira que o Chaves fazia naquela série de televisão que as crianças sempre curtiram e os adultos também (meio escondidos), em que ele dizia: "Foi sem querer querendo".

O nosso sem querer é muito querendo também.

# Religião não é coisa de gente tonta!

Religião não é coisa de gente tonta! Religião é coisa de gente, e é coisa de gente por quê?

Lancemos mão de trecho do livro *O que é religião*, do teólogo e educador Rubem Alves. Lembra ele, logo no começo da obra, que "é fácil identificar, isolar e estudar a religião como o comportamento exótico de grupos sociais restritos e distantes. Mas é necessário reconhecê-la como presença invisível, sutil, disfarçada, que se constitui num dos fios com que se tece o acontecer do nosso cotidiano. A religião está mais próxima de nossa experiência pessoal do que desejamos admitir [...]. Como o disse poeticamente Ludwig Feuerbach: 'A consciência de Deus é autoconsciência', o conhecimento de Deus é autoconhecimento". A religião é o solene desvelar dos tesouros ocultos do homem, a revelação dos seus pensamentos íntimos, a confissão aberta dos seus segredos de amor".

Ora, não há dúvidas de que o sentimento religioso é uma constante na história humana; independentemente da região planetária, época ou sociedade, sempre encontramos manifestações de uma busca de relacionamento com forças misteriosas e poderosas que entendemos superiores ou anteriores a nós, homens e mulheres. Por isso, ao contrário do que muitos suspeitam, vamos de novo: religião não é coisa de "gente tonta"; religião é coisa de "gente", e, como entre as variadas gentes, também há as que são tontas, confundem-se umas e outras.

Reafirme-se: religião não é sempre coisa de gente frágil, ou ignorante, ou qualquer outra adjetivação que indique indigência psicológica, mental ou cognitiva; do mesmo modo, não ter religião não indica precariedade moral e intelectual.

Falar em Religião – ou, com mais propriedade, falar em Religiosidade, isto é, em um sentimento que não necessariamente se integra a uma formalização coletiva, institucional ou formal – é falar em uma das forças mais profundas de movimentação da humana e intensa busca pelo sentido de tudo que nos cerca.

A Religiosidade é uma percepção e uma conexão com a Vida, que procura captar, fruir e proteger tudo aquilo que ultrapassa a materialidade e a imediaticidade do Mundo, ou seja, um sentimento que deseja fixar os múltiplos e intrigantes significados da existência para além da sensação de tudo e de nós mesmos: provisórios, passageiros, finitos e, portanto, precários e desnecessários.

O mesmo Rubem Alves, na conclusão do livro antes mencionado, adverte que "o sentido da vida não é um fato. Num mundo ainda sob o signo da morte, em que os valores mais altos são crucificados e a brutalidade triunfa, é ilusão proclamar a harmonia com o universo como realidade presente. A experiência religiosa, assim, depende de um futuro. Ela se nutre de horizontes utópicos que os olhos não viram e que só podem ser contemplados pela magia da imaginação. Deus e o sentido da vida são ausências, realidades por que se anseia, dádivas de esperança. De fato, talvez seja esta a grande marca da religião: a esperança. E talvez possamos afirmar, com Ernest Bloch: 'Onde está a esperança ali também está a religião'".

No entanto, há uma outra forte dimensão da Religiosidade: o sentimento de agradecimento, intentando estabelecer um vínculo de gratidão e pertencimento a uma entidade amorosa, criadora e protetora, que, além da Vida, nos dá Sentido.

Ao olhar uma ideia com esse conteúdo, muitos ficariam tentados a uma sutil ironia, remetendo eventualmente os seus crentes ao reino dos fracos de espírito; é preciso, contudo, sempre relembrar o alerta feito no início do século passado pelo sociólogo francês Émile Durkheim: "Não existe religião alguma que seja falsa. Todas elas respondem, de formas diferentes, a condições dadas da existência humana".

Coisas de gente...

# Política é coisa de idiota?

"Política é coisa de idiota!" Mas não poder ser! Esta sentença aparece em comentários indignados, cada vez mais frequentes no Brasil, e, em nome da verdade histórica, o que podemos constatar é que acabou se invertendo o conceito original de idiota, pois a expressão *idiótes*, em grego arcaico, significava aquele que só vive a vida privada, que recusa a política, que diz não à política.

Em outros termos, os gregos antigos chamavam de idiota a pessoa que achava que a regra da vida é "Cada macaco no seu galho", ficando olhando apenas para o próprio umbigo.

Os mesmos gregos davam um nome apropriado a quem cuidasse também da vida pública, da comunidade, e que acreditasse que a mais nobre regra é "Um por todos e todos por um": este era chamado de *político*. E se entendia que todas e todos éramos e deveríamos ser políticos, a partir da noção de que *polis* é a comunidade, a cidade, a sociedade, e é nela, com ela e por ela que vivemos.

No cotidiano, o que se fez foi um *sequestro semântico*, uma inversão do que seria o sentido original de idiota, a ponto de muitas e muitos hoje pensarem que só deixa de ser idiota aquele que vive fechado dentro de si e só se interessa pela vida no âmbito pessoal. Sua expressão generalizada é: "Não me meto em política".

Recusemos tal percepção negativa da política, pois afeta a convivência decente e saudável e, antes de mais nada, esquece que "Os ausentes nunca têm razão". De fato, muitos se sentem assim em relação a um determinado modo de fazer política, mas não corresponde à ideia mais abrangente dela, dado que ausentar-se em nome da liberdade e do interesse próprio esbarra novamente no mundo clássico, para o qual o idiota não é livre (porque toma conta só do próprio nariz), pois entendiam que só é livre aquele que se envolve na vida pública, na vida coletiva.

Formar gerações que tenham a democracia como um princípio de gestão da vida coletiva a ser defendido e protegido é uma missão de quem educa. Isso significa que nós não podemos, por exemplo, fazer com que os jovens entendam os momentos de eleição ou de acompanhamento dos programas do Legislativo ou do Executivo como sendo uma obrigação penosa. Ao contrário, a democracia é um patrimônio, não é um encargo. É algo que enriquece a nossa existência.

Não se confunda política com partido. Partido é uma forma de se fazer política. Por exemplo, uma escola não deve partidarizar o debate, mas ela deve politizar o conteúdo. Em outras palavras, mostrar que política e cidadania são a mesma coisa. A diferença é que política está escrita em grego, e cidadania, em latim.

Muita gente às vezes supõe que política seja uma coisa negativa e cidadania uma coisa positiva. Vale recorrer à origem das palavras. Como dito antes, *polis*, em grego, gerou a palavra "política", que significa "sociedade", "cidade". E *civitate*, em latim, é "cidade" também. Portanto, dizer que alguém é "cidadão" ou é "político" significa apenas a escolha de um idioma.

Assim, a política é vista como convivência coletiva, mesmo que moremos cada um em nossa própria, usando o latim, *domus*, ou seja, em casa, nosso domínio. Porém, na prática, porque vivemos juntos e só assim o conseguimos, a questão é que não temos *domus*, só temos *con*-domínios. Viver é *conviver*, seja na cidade, ainda que em casa ou prédio, seja no país, seja no planeta.

A vida humana é *condomínio*. E só existe política como capacidade de *con*vivência exatamente em razão do condomínio.

Não sejamos idiotas...

# Escola: superar o pragmatismo imediatista !

O urgente não tem deixado tempo para o importante, aprecio repetir. Essa frase tão comum e inquietante deveria pairar com frequência sobre as cabeças dos que se envolvem com a educação das gerações chegantes, sejam pais, educadores, gestores de pessoas etc.

E, o que é entendido como urgente por muitas famílias e oferecido levianamente por muitas escolas? Preparar o jovem para a vida de hoje! Dito em alto e bom som: tornar o jovem apto para sobreviver neste nosso mundo "fatalmente" competitivo! Isto é, prepará-lo para aceitar, assimilar e sustentar um modo de vida conjunta autofágica, narcísica e excludente;

deixá-lo sucumbir às idolatrias do mercado, admirar a sociedade agudamente concorrente, participar da disputa insana pelo exclusivo e fugaz sucesso individual.

Para isso, entendem inúmeros, é necessário soterrar o jovem com informações a serem decoradas, tarefas automáticas e contínuas, treinamento domesticante para o vestibular, cargas de exercícios que desenvolvam habilidades e competências direcionadas unicamente para o mundo do trabalho.

Se esse é o problema, há também um suposto dilema: Qual a escola certa para atender a essa finalidade? Uma escola dura, rigorosa, impiedosa (feita para os vencedores), ou uma outra que seja mais aberta, participativa, contemporânea (terreno das incertezas)? Preparar o futuro com o rigor do passado ou enfrentar o amanhã com um presente mais frágil? Eleger uma escola considerada tradicional ou arriscar-se no modelo chamado de liberal? Uma escola como a do passado ou uma impregnada de modernidade?

Há equívocos em ambas as posturas.

É sempre bom insistir: não se confunda tradicional com arcaico. Nem tudo o que vem do passado é tradicional; tradição é o que deve ser preservado, protegido, levado adiante (como a atenção aos conteúdos e à competência docente), enquanto que o arcaico é o que precisa ser superado, descartado, deixado de lado (como o autoritarismo e a meritocracia angustiante). Por outro lado, nem tudo o que parece moderno o é; às vezes apresenta-se como simples modismo ou mera novidade passageira.

Qual o perigo? Enclausurar parte da adolescência e da juventude em ideais de vida que, quando muito, transformam-nos em reféns de um utilitarismo pernicioso, voltado para o que está logo à frente, em vez de lidar, de fato, com a construção de futuro e qualidade da Vida.

Há um alerta feito por François de la Rochefoucauld no quase distante ano de 1665 e que serve para qualquer pessoa sinceramente imersa em algumas dessas preocupações: "Há três espécies de ignorância: não saber o que se devia saber; saber mal o que se devia saber, e saber o que não se devia saber".

Afastar essa tríplice face da ignorância, impedindo assim o triunfo da mediocridade complacente, remete-nos à importância de fazer opções menos aleatórias ou, até, menos volúveis.

Desse modo, qual o critério primeiro e mais adequado para a escolha de uma educação escolar, pública ou privada, que não seja exterminadora dos amanhãs conjuntos? Ter como princípio (ponto de partida) e meta (ponto de chegada) o empenho consistente em favorecer a criação de uma sólida base científica, incentivar a formação de cidadania objetiva, propiciar a consolidação de uma consciência crítica e independente, e, como garantia honesta de futuro, animar o fortalecimento da solidariedade social.

Fácil? Jamais. Impossível? Nunca.

Afinal, é preciso evitar a melancólica – e extensamente correta – visão contida, ainda no século XIX, na costumeira ironia do romancista norte-americano Mark Twain, quando diz: "Nunca deixei que o período que passei na escola interferisse na minha educação".

# Outras faces
# da violência

A violência é tema aterrorizante em nosso cotidiano; poucos deixam de ter alguma experiência (própria ou próxima) com ela, sejam os assaltos e latrocínios, sejam os sequestros (relâmpago ou não) e as ameaças à integridade física e patrimonial: nas casas, escolas e ruas. A mídia se refestela; mesmo levando em conta sua tarefa de informar e alertar, é preciso lembrar que há tempos não havia um assunto tão sedutor. Violência é notícia; má notícia, mas, infelizmente, e, por isso mesmo, mais atraente. A mórbida relação pânico/salvação (fundamento, também, de algumas religiões e vários partidos políticos liberticidas) invadiu as preocupações da população; mostra-se o fato, instaura-se o pânico, anuncia-se a salvação!

Diagnóstico mais comum para a situação? Falta de firmeza e excesso de impunidade! Terapias recomendadas (algumas delirantes, outras demagógicas e, muitas, equivocadas): pena de morte, presídios em profusão, truculência policial, abrigos de "segurança máxima" para menores, diminuição da maioridade penal etc.

Ora, todas as formas de violência mencionadas precisam ser combatidas e extintas; são inaceitáveis e merecem urgência no enfrentamento de suas causas e na prevenção de seus efeitos. Porém, não são as únicas, não estão sozinhas; as demais (e as há em grande quantidade) são obscurecidas por aquelas que vêm tendo destaque exclusivista. Essas outras violências (contra os corpos e as mentes) favorecem (mas não tornam justas!) as que estão em evidência.

"Violência e impunidade" é, também, impedirem a manifestação do pensamento livre e da individualidade responsável; é constrangerem os corpos com a dor da fome e a agressão da doença sem socorro; é admitirem a crueldade da tortura, da degradação brutal do local no qual se vive, o padecimento provocado pela não convivência com aqueles a quem se ama. Violência e impunidade é, também, ser vitimado pela falta de trabalho, ser humilhado pela ausência de estudo, ser desprovido de um lazer sadio, ser mortalmente ferido pela discriminação de qualquer tipo. Violência e impunidade é, também, ser violentado pelo embaraço traumático da religiosidade, da sexualidade, da amorosidade. Violência e impunidade é, também, em suma, admitir que apodreçam as esperanças, extirpem os desejos e a sacralidade das vidas.

Todos falamos em paz, mas, paz é, antes de tudo, algo a ser socialmente compartilhado; não pode ser paz para uns poucos. A paz, para sê-lo de fato, deve ser coletiva e tem um pressuposto apontado fortemente por Paulo Freire (que, por propor uma educação apoiada no diálogo, foi entendido por alguns como alguém que identificava a paz como sinônimo de apaziguamento e anulação de conflitos já no presente). Ao receber o Prêmio *Educação para a Paz* da Unesco em 1986, ele deixou bem claro qual era sua convicção: *"De anônimas gentes, sofridas gentes, exploradas gentes aprendi sobretudo que a paz é fundamental, indispensável, mas que a paz implica lutar por ela. A paz se cria, se constrói, na e pela superação de realidades sociais perversas. A paz se cria, se constrói, na construção incessante da justiça social. Por isso, não creio em nenhum esforço chamado de educação para a paz que, em lugar de desvelar o mundo das injustiças, o torna opaco e tenta miopizar as suas vítimas".*

O verbo *miopizar* chama nossa atenção para algo que não se refere a uma ilusão de ótica, mas, sim, a uma *ilusão de ética*. É a ilusão provocada por uma ética que aceita a noção de paz como legitimação calma e tranquila de benefícios e vantagens sociais exclusivas para alguns, enquanto o restante (maioria gritante) reduz-se a meros sobreviventes frágeis de um processo impiedoso de exclusão.

Assim, a Paz só se alcança com a anulação de todas as faces da violência, e só há justiça se todos tiverem paz.

# Eu, robô?

"Perigo! Perigo!" Quem tem mais de cinquenta anos de idade ainda se lembra com nitidez do alerta que era feito pelo robô B-9 da série televisiva *Perdidos no espaço*. Por três temporadas (entre 1965 e 1968), depois repetidas à exaustão, ouvíamos o som gutural emanado do robô que procurava proteger a Família Robinson das armadilhas siderais e das maldades do vilão, Dr. Zachary Smith, um narcisista letal.

"Perigo! Perigo!" É preciso ainda ouvir o robô; agora, a ameaça maior vem de nós mesmos e da ardilosa rotina com a qual nos acostumamos. Procurando dar uma certa ordenação aparente ao cotidiano, acabamos por roteirizar de tal forma a vida pessoal e laboral que, sem lugar previsível para o inesperado, passamos a agir de maneira mais robotizada, mecânica, repetitiva. Trajetos, atividades, comportamentos, sentimentos, prazeres, lazeres; tudo com sua sequência quase enfadonha e redundante a nos conduzir, brincando com a música de Carlos Imperial, para *"A mesma praça, o mesmo banco, as mesmas flores, o mesmo jardim..."*

Stefan Zweig, importante pensador austríaco, aqui exilado para escapar ao horror nazista, publicou em 1941 o livro *Brasil: país do futuro* (já ouviu esta expressão?); no entanto, em 1942, ano de seu suicídio em Petrópolis, escreveu *Encontros com Homens, livros e países*, e nessa obra inseriu um ensaio chamado *A monotonização do mundo*. Bela expressão: monotonização; o processo de gerar monotonia e, com ela, desapercebimento, inconsciência e, claro, alienação.

Monotonia e distração! Repetição e acomodação! Alienação, ou seja, uma presença no mundo assinalada pelo não pertencimento a si mesmo e com nenhum controle sobre aquilo que a muitos controla: a sedução exercida pela primeira lei de Newton, a da Inércia: *"Um corpo continua no seu estado de repouso (velocidade zero) ou de movimento retilíneo uniforme (velocidade constante) a menos que seja obrigado a mudá-lo pela ação de uma força externa".*

Ora, assim são os robôs. Desde que o termo apareceu em uma peça de teatro escrita em 1921 por Karel Copek (a partir do termo *robota* em checo, com o sentido de *trabalho forçado* e *desumanização*), o sentido é exatamente este: ausência de autonomia e consciência.

Eu, robô? Jamais! Ah, é?! E uma parte dos nossos movimentos que é feita usando prioritariamente o "piloto automático"? E as nossas performances encharcadas de redundância, ritualizadas de forma obsessiva, até atingirmos a não necessidade de refletir para agir? E o recurso cada vez mais frequente às estratégias tautológicas para evitar qualquer desvio de rota que implique audácia e inovação?

A rotina escapa da esfera da vida organizada e passa a ocupar o terreno da perigosa automatização inconsciente. Daí, o fato de, vez ou outra, fazermos o mesmo caminho habitual (mesmo quando temos de ir a outro lugar), ou, quando a rotina é alterada, repetimos atos mecanicamente, reproduzindo comportamentos já internalizados, a ponto de se esquecer filho na escola, consulta médica marcada, aniversário importante, alarme desligado ou, pior ainda, sair apressadamente do carro e nem lembrar que nele ficou o bebê que, naquele dia, teria de ser deixado na creche depois (e não antes) de se dar carona para a mãe.

Perdidos no espaço? Não só. Perdidos no tempo...

# Ao modo de certos paquidermes...

Um dos grandes homens da história humana, Jesus de Nazaré, tem uma frase que considero uma das mais impactantes, que é: "Quero que tenhais vida, e vida em abundância". Não é pouca vida, menos vida, subvida, sobrevivência: "Quero que tenhais vida, e vida em abundância". A beleza da frase, registrada na Bíblia dos cristãos no capítulo 10, versículo 10 do Evangelho de João, é que está no plural: quero que *tenhais*, em vez de apenas quero que *você tenha*.

Esse plural, tenhamos você ou eu alguma religião, ultrapassa o conteúdo místico; é um projeto de Vida coletiva ameaçado pela pior força negativa dos tempos atuais, que é o apodrecimento da esperança.

Uma parte imensa de homens e mulheres vive com muita força o apodrecimento da esperança: a ideia de que as coisas são como são e não há outro modo delas serem; a ideia de que a humanidade está do jeito que ela pode ser; que a nossa vida está na única possibilidade que ela teria. Esse apodrecimento da esperança impede que a vida se engrandeça e remete milhares e milhares de homens e mulheres ao terreno da conformidade, da subserviência e da insignificância em relação à possibilidade de construir uma realidade que seja diferente.

Haja vista o quanto de conformidade que se tem hoje. Por exemplo, quantas pessoas dizem: "A violência... o que nós podemos fazer? Faz parte da vida". A violência não faz parte da vida, a violência faz parte da morte. "Ah, a poluição, o que eu posso fazer, faz parte da vida!" Não faz! Faz parte da negação da possibilidade de vida, e é isso que a gente não pode deixar de lado.

Se a perspectiva é marcada pela desesperança, não pode haver vida – "e vida em abundância".

Um grande português que viveu em nosso país, o Padre Antônio Vieira, inseriu em um de seus sermões a seguinte frase: "O peixe apodrece pela cabeça". Já viu um peixe apodrecer? Vai da cabeça para o restante do corpo. Impedir o apodrecimento é impedir o envelhecimento da esperança, é impedir que a gente se submeta àquilo que parece ser inevitável, invencível, insubstituível.

A postura conformada expressa uma determinada atitude e convicção que cria um modelo mental extremamente perigoso. E modelos mentais nos amarram a determinadas percepções da vida. Basta ver nos poucos circos que ainda sobraram com o uso de animais não humanos: do lado de fora, um elefante parado. O elefante não pode ficar guardado numa jaula. Como é que ele fica do lado de fora do circo? Ele não consegue sair dali onde o deixaram. É uma coisa desesperadora. O elefante fica se movimentando pra lá e pra cá, com aquele jeito melancólico que parte dos paquidermes por natureza têm, e que nos deixa entristecidos. Porque, afinal de contas, é a ausência da liberdade. Ele fica preso numa estaca pequenina, que qualquer criança tira. Por que é que tem um guarda ao lado do elefante? Não é para tomar conta dele, porque ele não sairá dali. É para tomar conta da criança, para que ela não arranque aquilo.

O elefante, que é capaz de puxar o circo, se for amarrado no mastro central, um bicho de quatro toneladas e meia, o animal mais forte da natureza, não consegue arrancar uma simples estaca. Por quê? Porque ele foi formado daquele jeito. Quando ele era pequeno, alguém amarrou uma corrente na pata dele e a cravou em uma estaca. Ele deu o primeiro tranco e não saiu, deu o segundo e não saiu, nunca mais ele tentou.

Tem gente que funciona como um elefante do lado de fora do circo. São aqueles que acham que não tem jeito e não tentam. Acham que não pode ser feito, então não fazem. Acham que o único jeito de fazer é daquele modo.

# Nostalgias pecuniárias...

Você sabia, claro, que a ideia de pecuniário está ligada, na origem, a ovelha. Vale recontar.

Na Roma da Antiguidade havia um costume minimamente saudável: alguns poderosos, para beneficiar certos escravos aos quais eram mais gratos, legavam a estes uma parte do rebanho de ovelhas que possuíam, isto é, deixavam um *pecúlio* para ser gasto pelo beneficiário após a morte do proprietário. O crédito era registrado em pequeno pedaço de couro (como um "cartãozinho") e podia ser usufruído livremente; ao apresentar esse documento, o outorgado resgatava em espécie (no caso, ovelhas) o que a ele cabia.

O curioso é que as palavras *pecus* e *pecoris* significam, em latim, rebanho de ovelhas e, por extensão, qualquer gado; aliás, por aqui você já lembra de onde vem "queijo pecorino"...

Por servir de "moeda de troca", tudo que era *pecuniário* agregava valor e circulava também como crédito. Por isso, a partir daquele "courinho", representando muito crédito, o dinheiro, seja em papel ou metal, ficou mais prático do que a outra modalidade.

*Courinho! Fácil de carregar, fácil de proteger, fácil de manusear* – já imaginou se fôssemos fazer propaganda naquela época...

Ou: *Não fique sem crédito! Não deixe lhe arrancarem o couro...*

Podia ser: *Durma em paz e pare de contar carneirinhos! Nosso extrato é confiável e completo...*

Quem sabe: *De ovinos e caprinos só não se aproveita o berro! Aumente seu pecúlio.*

Talvez: *Ovelha que mais corre não é a que mais come! Deixe conosco as tuas contas...*

Vantagens evidentes para o uso do "courinho" de antanho ou, nos casos de agora, do cartão de crédito. Resguarda e organiza o pecúlio, afastando os lobos em pele de ovelha.

Porém, permita-se a nós, mais idosos, a manifestação de certas saudades quando do manuseio exclusivo do papel-moeda. Não é rabugice; apenas indica algum apego a marcas do passado, agora superadas, mas presentes na nossa memória. Como a pamonha, o bilboquê, o forno a lenha, o talão de cheques...

Não dá mais, por exemplo, para eu me "vingar" de comerciante que, em bar perto da universidade, nunca, mas nunca mesmo, tinha troco. Todas as vezes, durante anos, ele, irritado, perguntava na hora do pagamento: "Não tem nota menor"? E eu, invariável e irado: "Lamento, mas o governo fabrica todas do mesmo tamanho"...

Não dá mais para eu desafiar os filhos com a capacidade de tirar dinheiro do bolso, sem olhar, e sempre no valor exato. Nas eras pré-cartão, deixava o dinheiro nos bolsos dianteiros da calça; tudo separadinho, em pequenos maços de notas; no bolso direito as de menor valor e no esquerdo as mais altas. Orgulhava-me de, pelo tato e ordem em que estavam, ser capaz de retirar a quantia certa...

No entanto, a minha lembrança mais pungente foi já nos nossos dias modernos; eu sabia que o mau uso do cartão de crédito pode dar dor de cabeça, mas não imaginava do modo que aconteceu comigo.

Durante umas três semanas estava com uma cefaleia contínua; tomei analgésicos, consultei neurologistas, fiz ressonância magnética de crânio, e

nada. Um dia procurei afamado e caríssimo orto-
pedista, com fama de ganancioso. Entrei com um
pé atrás.

Pediu-me para tirar a roupa, caminhar por uma
linha imaginária no chão, examinou as minhas vér-
tebras, fez indagações sobre postura e, quando eu
menos esperava, perguntou: "O senhor tem cartão
de crédito?"

Pronto. Eu sabia; o mercenário mostrava as garras.

"Tenho, claro. Algum problema?", respondo um
pouco ríspido.

"Não", diz o médico. "Posso vê-lo?"

Achei meio estranho, mas tirei a carteira do bolso traseiro da calça e passei a ele meu cartão. Examinou, apalpou as pontas, notou que estavam um
pouco entortadas e vaticinou:

"O senhor está descuidando do cartão e da postura. Tem sentado exatamente sobre sua carteira cheia
de coisinhas, com o cartão de crédito pressionando
um dos seus nervos glúteos, o que irradia como dor
reflexa e produz desconforto contínuo".

De fato; mudei a postura e o lugar do cartão, e
foi-se a dor.

Uma bela experiência de se ir buscar lã e sair tos-
quiado...

# O avesso do avesso

O Humanismo, isto é, a compreensão do humano como centro e objetivo de uma História homocêntrica, nasce exatamente com a exposição do nu masculino, seja na gênese grega da Antiguidade, seja na estupenda retomada durante o Renascimento, especialmente por parte daqueles que, como Leonardo da Vinci e Michelangelo – não temendo observar e admirar o corpo masculino – o apresentaram, sem desdém ou temor, como sendo uma especial obra da criação.

Aí reside uma contradição que vai aos extremos e às extremidades: nós nos consideramos especiais, mas quando nos vemos, ou vemos outros homens, ou, ainda, somos vistos pelo universo feminino, oscilamos entre sentimentos que expressam, de maneira concomitante: inveja, curiosidade, potência, estranhamento, rejeição, fascínio, insegurança, medo, orgulho, ameaça, dissimulação, irritação, sedução; fica tudo como o avesso do avesso, isto é, o mesmo de novo, só que diferente.

O olhar masculino sobre o masculino desnudado, comparando e vislumbrando corpos supostamente assemelhados – ainda impregnado de arrogantes certezas, frágil autoestima e desejos robustos –, dirige-se quase como aquele maravilhoso verso do *Guardador de rebanhos*, de Fernando Pessoa/Alberto Caeiro: *"O Tejo é mais belo que o rio que corre pela minha aldeia, mas o Tejo não é mais belo que o rio que corre pela minha aldeia porque o Tejo não é o rio que corre pela minha aldeia..."*

A era da vestimenta, em tempos de exagero da nudez!

Pode ser mera moda, mas, moda é inútil?

Não; moda é magia!

Há nela um feitiço muito poderoso, mescla de arte e técnica, que encanta, agride, acolhe, retrai, anula e enfeita. Moda é negócio, dos bons; pois, relevando a necessidade, impregna de erótico aquilo que seria mera estética.

Moda é a perícia de aprisionar o instantâneo, dando a ele aparência de permanente, mas deixando claro que não durará muito, e nem deve durar, de modo a capturar a fluidez dos desejos e evidenciar que o eterno é fugaz no seu modo de virar moda.

Moda lembra Heráclito, quando lá no século VI a.C. afirmou que nenhum homem toma banho duas vezes no mesmo rio; pois, quando volta, nem é mais o mesmo e nem o rio é o mesmo...

Moda, quando congela o tempo, chama a si mesma de "clássica", e, por retornar sempre, parece não admitir obsolescência, ficando ainda mais cíclica e obrigando aquela que não é "clássica" a ser criativa para dela se distanciar. Moda remete ao mesmo Pessoa ao sugerir que é "Triste sina a minha, ser rio ou cais", mudar sem parar ou fixar-se na solidez. Moda é transtorno obsessivo compulsivo; moda é liberdade para além do óbvio; moda é fronteira a transgredir...

O mais importante antropólogo contemporâneo, Claude Lévi-Strauss, escreveu *O cru e o cozido*, obra fundamental para o entendimento do conceito de Cultura e a sua estruturação desde os nossos primeiros antepassados; talvez, agora, para compreender o mundo do masculino e seus divergentes olhares, seja necessário parodiar o genial estudioso francês e, humoradamente, redigir um *"O nu e o vestido"*.

# Duvidar é preciso: "Só sei que nada sei!"

Millôr Fernandes, arguto inquiridor das aparentes obviedades, tem frase que nos provoca a reflexão: "Se você não tem dúvidas é porque está mal-informado".

O impacto da frase vem da nossa percepção usual (muitas vezes equivocada) de que a presença da dúvida é caminho para a ignorância; quando, especialmente em Ciência, é quando ela se apresenta que começamos a abandonar o desconhecido.

Cautela com gente que não tem dúvidas! Gente assim não inova, não avança, não cria; só repete e redunda. Claro que não podemos ser alguém que só tem dúvidas, pois se assim for qualquer ação e intervenção fica impossibilitada; no entanto, não ter algumas delas em alguns momentos é sinal de tolice e reducionismo mental.

A Ciência se renova quando seus praticantes são capazes de colocar sob suspeita algumas das certezas às quais nos expomos. Será que isto é assim mesmo? Será que não há outro modo de fazer? Será que isto não resulta mais de hábito do que de verdades? Será que aceito o argumento pela autoridade que o proclama, em vez de buscar os fundamentos da veracidade do proclamado? Será?

Os "serás", quando metódicos e sistemáticos, ajudam-nos a dar vigor às certezas e conhecimentos que nossas teorias e práticas devem ter; em todas as situações nas quais não admitimos a presença de indagações e questionamentos, aproximamo-nos do dogmatismo, e este sempre foi o principal veículo de degradação do saber científico.

Uma pessoa inteligente, com humildade e sabedoria, é aquela que consolida as certezas do que deve fazer a partir da capacidade de não supor que estas são imutáveis e invulneráveis. Afinal, sabemos, a melhor maneira de ficar vulnerável é pensar-se como invulnerável...

Em 399 a.C., em Atenas, Sócrates foi condenado ao suicídio, acusado de desprezo aos deuses do

Estado; sua defesa frente ao tribunal, registrada por Platão no diálogo *Apologia de Sócrates*, incluiu, logo no início, uma profunda reflexão sobre a sabedoria humana.

Como alguns amigos afirmavam que o oráculo de Delfos houvera dito que Sócrates era o mais sábio dos homens – e isso compôs parte da acusação –, o filósofo rebate a soberba de um adversário dizendo que "Aquele homem acredita saber alguma coisa sem sabê-la, enquanto eu, como não sei nada, também estou certo de não saber".

A ideia é bastante inteligente e complexa e, mesmo resumida no clássico "Só sei que nada sei", permanece demonstrando sabedoria. É evidente que Sócrates não está afirmando que nada sabia no sentido literal, mas, isso sim, que nada sabia por completo, exceto o conhecimento que tinha sobre as suas próprias ignorâncias.

Poderíamos até chamar essa postura – saber que não se sabe tudo, o tempo todo, de todos os modos – de "sábia ignorância", ou, como denominada em obra de Nicolau de Cusa no século XV (antecipando a dúvida metódica de Descartes), a *douta ignorância*.

Ainda vale! A consciência dos nossos desconhecimentos e, portanto, a procura incessante por uma formação continuada, não é só sinal de necessária humildade; é, antes de tudo, poderoso antídoto às eventuais arrogâncias que vitimam mais os seus praticantes do que certos algozes involuntários.

Um poço de ignorância? Precisamos, vez ou outra, entender melhor a máxima popular, e citá-la de novo: "Quando estiver no fundo do poço, a primeira coisa a fazer para sair dele é parar de cavar".

Saber e admitir que não sabe interrompe a escavação...

# Minhas crianças? E eu com isso

A frase é clássica e sugestiva: *O Mundo que nós vamos deixar para os nossos filhos depende muito dos filhos que nós deixarmos para este Mundo.*

Verdade? Sem dúvida; você sabe, eu sei. Desde que o Mundo é Mundo...

E daí? E eu com isso? E você com isso? Tudo. Talvez sejamos a primeira geração de adultos que esteja criando um fosso na convivência mais contínua com a geração que nos sucede.

Razões? Dia corrido, competitividade, deslocamentos distantes, jornada de trabalho expandida; tudo isso e mais a pressão do sucesso, da disputa, do lugar, da vaga, da Vida.

Com isso justificamos a nossa ausência, ou, vez ou outra, omissão, no cotidiano dos filhos e filhas; quase não há encontro, e quando o há, pela falta de convívio intenso, despontam conflitos concentrados.

Retomo sempre: nas grandes e médias cidades somos a primeira geração nos séculos mais recentes que, em grande maioria, sai de casa mais tarde do que os filhos! A criança sai às 6:30h no ônibus, na van, em um transporte escolar qualquer, e os pais saem às 7:30h , 8h...

Essa criança que acorda sozinha, que às vezes faz a própria higiene sem que alguém fique ao lado e sem ninguém que confira como ela está vestida, porque ela se troca, se veste e sai. E o café que ela toma nem sempre coincide com o horário dos adultos, e ela vai. O único adulto com quem ela usualmente toma contato em casa é a pessoa que lá trabalha. Para quem ela dá ordens e com quem ela mantém uma relação de autoridade ou de hierarquia.

Quando chega à escola, encontra um outro adulto, educador ou educadora, e esse adulto precisa dar ordens a ela. Isso produz um confronto muito forte em vários momentos. Aliás, algumas dessas crianças estão chegando a um ponto – inclusive entre nós, dentro da educação – que não acontecia antes: crianças de 10 anos, 12 anos, que durante uma discussão em sala de aula viram para docentes, põem o dedo no nariz da professora, por exemplo, e dizem: "Eu pago o teu salário". Como se a nossa relação fosse mediada pelo Código do Consumidor. Como se a relação de autoridade docente (não o autoritarismo docente, a ser evitado) fosse mediada por um contrato.

É claro que isso traz distúrbios na relação do cotidiano. Imagine: essa criança que, em grande parte, não tem convívio cotidiano com os pais – esse convívio é muito remoto, quando muito, é controlado de forma eletrônica por telefone ou a relação é um pouco distante – acaba encontrando na escola um espaço onde ela tem convivência, mas também tem algumas regras.

Tão perto, tão longe...

Ainda bem, poderíamos pensar, que ainda há a Escola. Lá se cuida da educação cívica, educação científica, educação sexual, educação artística, educação filosófica, educação ecológica, educação para o trânsito, educação física, educação ética, educação alimentar. E tudo em grandes ajuntamentos de pessoas, em espaço limitado e por algumas horas diárias...

Não dá. A Escola sem parceria com a Família não consegue eficácia e eficiência; construir sólida base teórica, com formação de cidadania e solidariedade social, exige um esforço mais fundo, forte e agregador.

Pais e mães, ou outros responsáveis adultos, quando colocam crianças e jovens nas escolas, estão repartindo a tarefa educativa, mas, sempre é bom lembrar, descentralizar as ações não implica eximir-se das responsabilidades. Em outras palavras, *pode-se transferir poder, jamais responsabilidade.*

Por isso, vamos ter de achar tempo para partilhar as práticas educativas e formativas.

Tempo? Lamento, não tenho.

É? Já viu um infartado que não tem tempo, quando sobrevive? Antes de infartar, tempo algum para cuidar-se; agora, todos os dias, às 5h da manhã já sai para caminhar na esteira ou pelas praças, de modo a postergar o fim.

Quando o importante fica sufocado pelo urgente, o tempo para consertar tal distúrbio é muito maior do que aquele que se usaria antes de ele existir...

# Quando o jeito é arrumar outro jeito

Sabemos: mais do que pela competição, os melhores resultados da nossa espécie se deram pela cooperação. Logo, mesmo complexas, existem alternativas que melhoram a nossa forma de conviver.

Certa vez, um jornalista perguntou ao grande Mahatma Gandhi, na Índia, o que ele achava da civilização ocidental. Ele, irônico, respondeu: "É uma boa ideia, dá para ser feita".

Nós estamos ainda no processo de construção, e uma das coisas que esse processo exige é a nossa capacidade de recusar, refutar, não aceitar que a gente tenha uma demonização das instituições apenas porque elas se colocam como formadoras.

Por exemplo, hoje há uma série de ataques e achaques em relação à mídia, e precisa ser feito, quando de maneira crítica e séria, mas supondo-se, fingidamente, que, fora da mídia, o mundo é saudável. Que dentro da família as coisas não acontecem ou que a escola é um lugar puro, onde nós educamos as crianças sem dificuldade. E, portanto, a mídia conspurca, ela torna a vida um pouco imunda. A escola e a família, em várias situações, seriam um espaço mais puro, mais higiênico. Aliás, muitos falam da mídia como se tivessem de higienizá-la, esquecendo que ela é uma instituição social que tem conectividade com outras instituições sociais: governos, igrejas, famílias, escolas.

Muita gente fala desse papel pedagógico da mídia, e eu acho que é necessário pensar; mas uma mídia que tenha um contraponto crítico na família e na escola pode favorecer muito. O contrário também vale. Uma mídia que ofereça um contraponto a uma escola que trabalha a exclusiva meritocracia, que desenvolve a ideia de competitividade a qualquer custo, em vez de trabalhar com a noção de cooperação. Substituindo aquilo que, retome-se, garantiu a nossa existência como seres vivos, humanos que somos, que foi a capacidade de cooperar, e não de competir.

Alternativa? Claro; Paulo Freire, quando secretário de educação da cidade de São Paulo, alterou uma perspectiva antiga para um evento chamado Concurso de Bandas e Fanfarras. Na capital paulista, todos os anos as escolas saíam dos seus lugares e vinham para o Vale do Anhangabaú, no centro da cidade, para disputarem um concurso. Evidentemente, quem ganhava todos os anos? As escolas de bairros de classe média. Todo ano, a escola de Parelheiros, a escola de Cidade Tiradentes, a escola de Jardim Robru e a escola de Parada de Taipas perdiam.

Aliás, antes de estas entrarem no Anhangabaú, o resultado já estava quase como o placar do Coliseu: Leões 1 X 0 Cristãos. Porque a questão não era o evento em si, mas as circunstâncias que organizavam aquilo.

Paulo Freire decidiu substituir o Concurso de Bandas e Fanfarras pela *Mostra de Bandas e Fanfarras*. Assim, a escola pública municipal do Sumaré, a da Vila Madalena, a da Vila Mariana – que são bairros mais estruturados – não competiam com aquela banda do Jardim Robru, que só tinha oito meninos tocando flauta. A banda daquela escola não competia, ela se mostrava.

Há uma diferença significativa na concepção entre se fazer uma competição e uma mostra. Na competição, o derrotado se envergonha, especialmente se ele já for prejudicado no dia a dia. E numa mostra, aquele que tem menos recursos se orgulha de poder, também, exibir a sua arte, o seu dote.

O desfile era o mesmo, a lógica é que não era mais a mesma. Quem se exibia, comportava-se como se fosse um concurso ou uma mostra. Com uma diferença: criava-se uma outra lógica nessa percepção.

Hoje se fala demais em "excluídos". Esta é uma palavra muito sutil. Há uma expressão que eu prefiro à palavra "excluídos": "incluídos precariamente". Inclusão precária na escola, inclusão precária no emprego, no ambiente. Mas eu gosto mais ainda (e a cito com frequência) de outra palavra, criada pelo filósofo argentino Enrique Dussel, que é o conceito de *vítima*.

Ele não usa a palavra "excluído", mas "vítima". Ele diz: as pessoas que são vitimadas pela economia, vitimadas pela patifaria, vitimadas pela negligência. Porque a palavra "excluído" tem uma certa relatividade. Mas a palavra "vítima" é muito clara.

Só não entende o que é vítima quem não deseja entender.

# A esperança como mutirão...

Dentro de nossa sociedade há uma palavra de que eu gosto demais, que se usa muito mais na área da periferia social e econômica do que nas outras áreas da cidade. É uma palavra forte no dia a dia da periferia, quando as pessoas se juntam para construir uma obra. É muito comum o pessoal se juntar no sabadão – com um churrasco, cerveja – para levantar uma laje. Essa laje é levantada por todo mundo junto. Esse levantar da laje junto termina sempre com festa.

Essa ideia da festa, de juntar-se, de comemorar depois de se levantar uma laje, ganha um nome na área periférica, que é "bater laje". Parece até uma coisa francesa, um ar mais sofisticado: "Aonde você foi? Fui a uma 'batelaje'". Mais ou menos como ir a um *vernissage*. A burguesia vai ao *vernissage*, e o povão vai à "batelaje". E nessa "batelaje" se dá um nome que eu acho muito gostoso: mutirão.

A palavra "mutirão" tem origem no idioma tupi. A nação tupi usava a palavra "mutirão" para o trabalho que é feito junto. E a expressão em tupi vem da junção de duas ideias: a noção de *tiron*, que significa "junto", e *po*, que é "mão". Por isso, a noção de *potiron* é a noção de mãos juntas. É daí que vem para nós a noção de mutirão.

Paulo Freire, Patrono da Educação Brasileira, é grande inspirador para a ideia de mutirão. Homens e mulheres que se juntam no dia a dia e na história para construir uma outra realidade. Para fazer o inédito viável.

No dia 3 de maio de 2007 foi inaugurada, dentro do campus da Universidade Católica de Brasília, uma esquina, com placa e tudo, chamada Esquina do Inédito Viável, em homenagem a Paulo Freire. Para que as pessoas dali pudessem sentar-se nos banquinhos na esquina e pensar o futuro.

Paulo Freire usava muito essa expressão da esquina, ele gostava muito de falar da "esquina da briga".

Aliás, ele dizia que há uma briga na vida que vale a pena ser brigada: a briga pela dignidade coletiva. "Cada um de nós briga numa esquina." Lembra daquela história da briga da esquina? "Te pego lá na esquina, te espero na esquina"? Ele dizia que cada um de nós briga numa esquina. Você briga na esquina da escola pública, o outro briga na esquima do núcleo de trabalhos comunitários, o outro briga na esquina da universidade, a outra briga na esquina da escola privada, o outro briga na esquina da ONG, o outro briga na esquina da empresa, a outra na esquina do teatro.

Paulo Freire dizia: "Na vida você pode até mudar de esquina, o que você não pode mudar é de briga". E essa briga é, evidentemente, a briga pela dignidade coletiva. Por isso é que na UnB há uma esquina com plaquinha em que está escrito: "Esquina do Inédito Viável".

O inédito viável é movido por Esperança! Afinal de contas, qual é a primeira palavra que um ser humano é capaz de dizer e de entender? "Não". Você vai com a mamadeira e ele diz: "Não". Você põe na boca, ele cospe. Você quer levar a criança, e ela não quer ir, ela solta o peso do corpo e você vai ter de arrastar. Porque ser humano é ser capaz de dizer "não". Ser humano é ser capaz de recusar o que parece não ter alternativa, ser humano é ser capaz de dizer "não" ao que parece não ter saída. E só quem pode dizer "não" pode dizer "sim". Há pessoas que dizem: "Ah, eu queria ser livre como um pássaro". Pássaros não são livres, pássaros não podem não voar, pássaros não escolhem se vão voar ou não, nem para onde vão.

Se quiser ser livre, tem de ser livre como um humano. É isso que estava pensando Paulo Freire quando escreveu *"Educação como prática da liberdade"*.

O que nos caracteriza é a possibilidade da recusa ao óbvio, a recusa àquilo que parece fatal, a incapacidade de desistir: a não desistência do futuro onde há dignidade coletiva, onde há possibilidade de felicidade, onde há possibilidade de liberdade a ser partilhada.

É por isso que fazemos mutirão, é por isso que nos juntamos, é por isso que vamos esperançando...

# O Tempo como escolha,
# a Vida como Mistério

Vida e Tempo? Coincidem? Sim; a vida de cada um e cada uma de nós é o nosso tempo; afinal, relembrando o óbvio, todas as pessoas, em qualquer época da história, sempre viveram na era contemporânea...

Tempo e Vida? São o mesmo; minha vida é o meu tempo, ou seja, o continente no qual está o meu conteúdo vital, o invólucro no qual está contida a minha existência, o território com fronteiras que acolhem a minha presença no mundo por um período (um tempo) determinado e limitado apenas em referência aos outros tempos das outras vidas, mas absolutamente ilimitado para mim enquanto vivo.

Não é casual que a gente viva reinventando frase atribuída ao estupendo Guimarães Rosa: "O importante não é chegar e nem partir, é a travessia!"

Entre a chegada e a partida, meu tempo, a travessia; meu tempo como a caminhada, o jeito de caminhar, o trajeto, como convivo com quem comigo caminha, a bagagem e o lugar no qual quero chegar. Minha vida, meu tempo, ou seja, a medida que usamos para calcular quanto e quando a vida pulsa. Eu me vou, meu tempo acaba, mas o tempo não acaba, pois a Vida continua.

Por isso, enquanto tenho tempo, isto é, enquanto vivo, esse período é ocupado com ações e pensamentos, ideias e práticas, sucessos e fracassos. Como o que faço e penso é uma questão de escolha minha, o uso do tempo é questão de prioridade. Em outras palavras, como o meu tempo existirá ainda que eu fique estático, sem nada fazer além da imobilidade, o que nele faço resulta de decisão livre, a partir da importância que dou ao que farei naquele tempo.

Assim, se alguém diz "Não tenho tempo para isto ou aquilo", de fato está dizendo "Isto ou aquilo não é prioridade para mim".

Desse modo, a grande pergunta continua sendo "No teu Tempo, na tua Vida, quais são as tuas prioridades?" Ou, perdes tempo?

Nossa existência é gratuidade; sabemos isso, sentimos isso. Existimos, cada uma e cada um, sem que haja uma razão explícita e evidente desde o princípio e sem que nos digam o que somos. A Vida, nossa vida, mescla virtudes e vícios, desejos e necessidades, bens e males; enquanto vivemos procuramos afastar o sofrimento e procuramos incessantemente a paz de espírito e o repouso da mente que tudo sente e nem sempre tudo entende.

Qual a mais fulcral das nossas inquietações? Pode parecer excessivamente abstrata, mas está lá, desde a nossa origem como espécie consciente: Por que é que existe alguma coisa em vez de nada? Ou seja, por que tudo existe, no lugar de não existir?

A essa indagação a Humanidade procura responder há milênios e há quatro grandes fontes que inventamos para construir a resposta: a Ciência, a Filosofia, a Arte e a Religião. A Ciência, procurando os "comos"; a Filosofia, à cata dos "porquês"; a Arte e a Religião, escavando "as obras perenes".

Sofrer, participar, aproveitar, padecer. Depois, como tudo o que vive, deixar de viver?

O que gritam a Arte e a Religião? Existir em direção ao provisório, ao passageiro, ao transitório? Não faz sentido! Mas precisa fazer sentido, pois, do contrário, vida sem razão, sem por que, sem beleza? Beleza? Sim; o Belo é o que nos dá vitalidade, nos fluidifica a Vida; o Belo garante menos provisoriedade, pois parece que, quando diante dele, o tempo cessa e agarramos o instante para que nada mais flua além do momento pleno. Isso vai desde uma "bela pessoa" até uma "bela macarronada", passando pela "bela paisagem", o "belo dia", a "bela oração", a "bela música".

Belo é o que emociona, mexe conosco; seja pelo êxtase, pelo incômodo, pela admiração, pela alegria, pela meditação, pela vibração.

Por isso, para nós, o Belo é sagrado, pois o Sagrado é o que faz a Vida vibrar em nós e nos leva a respeitar o Mistério, no nosso Tempo de Vida, com Esperança, a fonte das escolhas.

- Administração
- Antropologia
- Biografias
- Comunicação
- Dinâmicas e Jogos
- Ecologia e Meio Ambiente
- Educação e Pedagogia
- Filosofia
- História
- Letras e Literatura
- Obras de referência
- Política
- Psicologia
- Saúde e Nutrição
- Serviço Social e Trabalho
- Sociologia

## CATEQUÉTICO PASTORAL

**Catequese**
- Geral
- Crisma
- Primeira Eucaristia

**Pastoral**
- Geral
- Sacramental
- Familiar
- Social
- Ensino Religioso Escolar

## TEOLÓGICO ESPIRITUAL

- Biografias
- Devocionários
- Espiritualidade e Mística
- Espiritualidade Mariana
- Franciscanismo
- Autoconhecimento
- Liturgia
- Obras de referência
- Sagrada Escritura e Livros Apócrifos

**Teologia**
- Bíblica
- Histórica
- Prática
- Sistemática

## REVISTAS

- Concilium
- Estudos Bíblicos
- Grande Sinal
- REB (Revista Eclesiástica Brasileira)
- SEDOC (Serviço de Documentação)

## VOZES NOBILIS

Uma linha editorial especial, com importantes autores, alto valor agregado e qualidade superior.

## VOZES DE BOLSO

Obras clássicas de Ciências Humanas em formato de bolso.

## PRODUTOS SAZONAIS

- Folhinha do Sagrado Coração de Jesus
- Calendário de mesa do Sagrado Coração de Jesus
- Agenda do Sagrado Coração de Jesus
- Almanaque Santo Antônio
- Agendinha
- Diário Vozes
- Meditações para o dia a dia
- Encontro diário com Deus
- Guia Litúrgico

CADASTRE-SE
www.vozes.com.br

**EDITORA VOZES LTDA.**
Rua Frei Luís, 100 – Centro – Cep 25689-900 – Petrópolis, RJ
Tel.: (24) 2233-9000 – Fax: (24) 2231-4676 – E-mail: vendas@vozes.com.br

UNIDADES NO BRASIL: Belo Horizonte, MG – Brasília, DF – Campinas, SP – Cuiabá, MT
Curitiba, PR – Fortaleza, CE – Goiânia, GO – Juiz de Fora, MG
Manaus, AM – Petrópolis, RJ – Porto Alegre, RS – Recife, PE – Rio de Janeiro, RJ
Salvador, BA – São Paulo, SP